德商
2.0版

Moral Intelligence 2.0
——最新破译世界500强CEO经营的秘密

Enhancing Business Performance
and Leadership Success in
Turbulent Times

[美] 道格·莱尼克
弗雷德·基尔
凯西·乔丹 /著

郑正文 等译　朱晓平 审校

图书在版编目（CIP）数据

德商：2.0 版：最新破译世界 500 强 CEO 经营的秘密/(美) 莱尼克, (美) 基尔, (美) 乔丹著；郑正文等译. —北京：华夏出版社, 2013.5
书名原文：Moral Intelligence 2.0
ISBN 978-7-5080-7583-9

Ⅰ.①德… Ⅱ.①莱… ②基… ③乔… ④郑… Ⅲ.①企业管理—职业道德—通俗读物 Ⅳ.①F272.92

中国版本图书馆 CIP 数据核字(2013)第 084350 号

Moral Intelligence 2.0:Enhancing Business Performance and Leadership Success in Turbulent Times by Doug Lennick, Fred Kiel with Kathy Jordan
Copyright © 2011 by pearson Education,Inc
This edition arranged with Zachary Shuster Harmsworth Literary Agency through Big Apple Agency,Inc.,Labuan,Malaysia.
Simplified Chinese Translation copyright © 2013 Huaxia Publishing House
All Rights Reserved.

本书中文简体版权由 Pearson Education 授予华夏出版社，版权为华夏出版社所有。未经出版者书面允许，不得以任何方式复制或抄袭本书内容。
版权所有 翻印必究
北京市版权局著作权合同登记号：图字 01-2012-0721

德商 2.0 版——最新破译世界 500 强 CEO 经营的秘密

作　　者	（美）道格·莱尼克　弗雷德·基尔　凯西·乔丹
译　　者	郑正文等
策划编辑	陈小兰
责任编辑	马　颖　罗　云
出版发行	华夏出版社
经　　销	新华书店
印　　刷	三河市兴达印务有限公司
装　　订	三河市兴达印务有限公司
版　　次	2013 年 5 月北京第 1 版　2013 年 5 月北京第 1 次印刷
开　　本	720×1030　1/16 开
印　　张	12.75
字　　数	193 千字
定　　价	39.00 元

华夏出版社 地址:北京市东直门外香河园北里 4 号　邮编：100028
网址：http://www.hxph.com.cn　电话:(010)64663331(转)
若发现本版图书有印装质量问题，请与我社营销中心联系调换。

·目 录·

中文版序

序言

首版序言　创立一种更好的文化

引言

第一部分　德商

01　好的企业 / 3

道德性弱智行为 / 5

道德领导力是什么样子 / 13

一种特殊的智力 / 15

让你脱颖而出的智力 / 15

02　生而道德 / 25

优秀的领导者相信什么 / 25

参观育婴室 / 27

先天还是后天 / 28

道德发展 / 28

学会负责 / 29

当事情变糟 / 29

道德的脑机制 / 30

一切存在于大脑之中 / 31

大脑的道德地图 / 33

为什么我们是善的？为什么我们是恶的？ / 33

那么哪里出了问题 / 34

道德决策的神经机制 / 35

我们真的能改变大脑吗？ / 38

道德软件 / 39

03 你的道德指南 / 41

框架1：道德指南 / 44

框架2：目标 / 51

框架3：行为 / 56

04 遵循内心的道德指南 / 61

第二部分 发展道德技能

05 诚信 / 73

行动与原则、价值观和信念保持一致 / 73

说真话 / 75

坚持真理 / 81

信守承诺 / 83

06 责任 / 85

为自己的选择承担责任 / 86

承认错误和失败 / 88

承担服务他人的责任 / 91

07 怜悯和宽恕 / 95

主动关心他人 / 95

宽恕自己的错误 / 98
宽恕他人的错误 / 100

08 情绪 / 103

自我觉察 / 104
理解自己的思想 / 106
个人效能 / 107
决定思考内容 / 108
自我控制 / 109
改善情绪健康 / 109
人际效能 / 112
共情 / 113
错位怜悯 / 114
尊重别人 / 116
与他人相处 / 118

09 道德决策 / 121

罗格如何运用4R / 122

第三部分 道德领导力

10 道德领导者 / 139

工作表现问题 / 149

11 领导大型组织 / 151

价值观的结构 / 151
是否存在具有德商的组织 / 152
具有德商的组织——鸟瞰图 / 153

具有德商的政策 / 154
最重要的原则 / 155
培育组织的诚信 / 155
负责任的组织 / 156
有怜悯心的组织 / 163
有宽恕心的组织 / 165
为价值观而招聘 / 167
强调价值观，从高层做起 / 167
正式奖励的力量 / 168
成功的故事 / 169
理想与现实 / 170
价值观和全球性组织 / 170

12 创业者的德商 / 171

小型组织的道德价值观 / 175
有关创办公司的最后赠言 / 184

中文版序

扼住世界喉咙的21世纪金融危机,赋予我们写《德商2.0版》的灵感。幸运的是,因为人类的顽强精神,因为包括中国在内的许多国家在政治上不断进步、经济上持续增长,世界得以存活并继续前行。但不幸的是,在很大程度上,由于不少商界政界领导者缺乏德商,已使得许多国家、机构和人民遭受了重重苦难。

欧洲和美国曾经是世界经济霸主,但随着中国经济迅速发展和遍布全球华人的崛起,中国已成为能与美国、欧洲并驾齐驱的全球性势力。中国是一个广袤的国家,中国也是一桩巨大的生意。在中国所发生的一切,以及中国展示出来的领导力,将会对全球未来产生巨大影响。

究竟中国的领导者对世界有多重要呢?全球每七个人当中,至少有一个是中国人。中国有超过13亿的人口!中国是个经济引擎,不仅为中国人也为全球人民提供产品和服务。中国还放贷给美国以及遍布全球的其他国家……

中国力量不断增长,随之而来的是日益艰巨的责任。负责是一项道德原则,负责和诚信、怜悯、宽恕这些原则一样,都必须在中国得到拥护和实践。否则,中国本身乃至全球的经济增长都将受创。

世界需要中国,世界同样需要具备德商的中国领导者。没有德商,凡事将无以为继。

道格·莱尼克
弗雷德·科尔

序 言

我发现诗人的智慧有益于我的生活和工作。简简单单几句话，出现在恰当时候的恰当诗歌，能够清楚传达心声，帮助我们看到这个世界上新的东西。

当我们对道德抉择或挑战困惑不已时，威廉·斯塔福德写的这首诗便给我们提供了一处避风的港湾。

《事情是这样的》[①]

你有你自己的准绳，时刻相伴

周遭事物瞬息万变，可它没变

人们好奇你的追求

你一再解释

但他们却很难领悟

当拥有它时，你不会迷失

悲剧发生，生老病死

你将遭遇不测，或慢慢老去

纵使无法阻止时间的飞逝

你也不会放弃

因为那是，你的准绳

——威廉·斯塔福德

---

① 威廉·斯塔福德的《事情是这样的》这首诗选自《事情是这样：新诗选集》一书。1998年版权归威廉·斯塔福德产业所有，美国明尼苏达州明尼阿波利斯市 Graywolf 出版社同意转载，网址 www.graywolfpress.org。《德商2.0版》为我们选择并遵循自身道德指南的"准绳"，提供了有益的指引。

每天我们都面临着一系列"道德时刻"——那些是个人选择的关键点。这些时刻需要做出助人或者利己的决定。有时，我们可能难以在道德两难境地中找到自我。我们所做的每个选择，都令人感觉似乎我们坚守或者放弃了我们的准绳。

遵循我们自己的道德指南，并坚守我们的准绳，我们找到了人生的目标之路。我们怎样做到这点？我们如何始终跟随着某些贯穿我们生命的看不见的准绳？我们又是怎么知道它的存在呢？

想知道这些问题的答案，我给出最有效的方法之一就是阅读本书。它会帮你了解你的德商是如何发展的。它将助你看并找到你的准绳，帮助你明辨是非。

作者着手说明一个非常复杂的主题——存在我们所有人身上的道德指南。我发现，他们的见解发人深省。第二章"道德是天生的"是这本书的价值所在，其中，"参观育婴室"的故事让我不断反省自己，与生俱来的移情能力让我深受震撼。

如果我们相信我们天生具有道德，如果我们相信我们内心有能力识别准绳，那么这本书将成为你遵循准绳的蓝图和手册。

为了找到我们的出路，我们应该求助于哪些做法、知识或者资源？首先，正如作者向我们展示的，我们从发现并表达出我们的目标开始；其次，我们要清晰界定"如何"选择与"为什么"选择之间的区别。我们多么经常地让步于如何选择，而没有考虑到为什么做选择。

坚持自己的准绳，听从你的道德指南，这些可能看上去无关紧要，但它绝非小事。它极大地改变我们看待问题的方式，做出抉择的方式，以及如何领导他人、如何生活的方式。它决定了我们是过着充满焦虑和压力的生活，还是过着充满目标和意义的宽广生活。永远不要放弃你的准绳。

底线思维目前可能会占上风，但是道德指南之旅根深蒂固，也会引发深层次共鸣。有人说，事实上，与其说是一个时代已经到来，不如说，我们与这个时代共存——这句话真提醒了我们。让我非常欣喜的是，通过这句提醒，许多人的生活已经变得更加美好。我希望2.0版的《德商》将让更多人开始追求人生目的之路。

——理查德·莱德

畅销书《目的的力量》和《重新打包》的作者

首版序言
创立一种更好的文化

今天，很少有什么事情能够对组织内外产生显著的影响，而道德行为却可以。十字军和圣战从道德上讲是正义的，但却具有杀伤性甚至达到犯罪程度——不仅伤害了别人，还破坏了信仰的平等性。道德正义往往与稳固、拯救或惩罚他人有关，却也带来了人类历史上最糟糕的插曲。除了生命的逝去，还有对人类精神的抹杀。梦想和精神可能也在消逝。颇具讽刺意味的是，这种对道德体系的歪曲，和全世界人们呼吁更多的精神和信仰是一起出现的。

我们大多数人都是从错误中学到教训。在对区别优秀领导者、一般领导者以及比他们影响力更低的竞争者（后两者绩效表现一般或低下）的特征所进行的数百项研究中，诚信并不是区别高绩效的因素。这是道德体系崩溃的证据吗？不，是因为"不诚信"的出现太令人震惊了，所以我们才会先入为主地关注它们。在这个过程中，我们错过了对我们每天都会面对的道德和人性进行测试。例如，如何推广一项产品或服务的决策，是根据个人价值观和组织文化做出的，组织文化即提倡一系列共同信念和规范。

德商面对的最根本挑战不是辨明是非，而是知与行。有人患了精神疾病，小部分人是精神病患者或者有反社会型人格障碍，这些人可能"不知道"什么是对什么是错。但是我们大多数人不属于这类人。可为什么我们常常做错事呢？我们每天都会做出数百个决定，大多数人都会考虑这些决定中哪些是"对的"，哪些会更好，并且会帮助到我们的社区、组织以及其他人。但我们并不经常在什么是对的上达成共识。

价值观和经营哲学

这是价值观和人生哲学发挥作用的时代，我们的价值观基于信念，并决定了我们的态度。价值观通常指对客体或主体的评价（即指定好或坏）。一系列的价值观便组成指导我们日常生活的禁令和规定（即，什么不能做和什么能做）。价值观同样也影响我们如何理解、看待周围的事物和事件。但几十年来关于价值观的研究表明，价值观和行为的关联度不大。

要了解人们的行为，我们需要透过具体的价值观，去发掘个体是如何确定价值观的。这就是所谓的个体"经营哲学"。为了研究典型的经营哲学，研究者已经开发出一套测试，可以衡量一个人在决定价值观时通常采取的方式中哪种占优势，所决定的价值观涉及到行为、计划和决定，以及如何支配时间等。我们的经营哲学其实就是我们决定价值观的方式。

例如，一位咨询顾问把"家庭"列为自己的主导价值观，但每周仍然有5天的时间没有待在妻子和两个孩子的身边，而是忙于他的工作。他说，他是通过向家庭提供足够的经济保障来实现自己主导价值观的。与此相反，一位制造业经理也把"家庭"列为自己的主导价值观，然而他却放弃升职，为的是有更多时间每晚可以与妻子和孩子共进晚餐。

这两位男士之间的差异可能在于，他们在多大程度上意识到自己真正的价值观，如何调整自己的行为与这些价值观保持一致，或者说他们以什么方式诠释他们的价值观。因此，他们深层次的差异在于，他们是如何看待每个人、组织或者活动的。这种差异可能反映了不同的经营哲学——其中最常见的是实用主义、理性主义、人本主义。虽然经营哲学无所谓好与坏，但是它们都会以独特的方式影响人们的行为、思想、情感。

实用主义哲学的中心主题是一种信念，即是否有用决定了观点、努力程度、个人或组织的价值。持有这种哲学的人通常以价值衡量事物，并且相信，他们要为生活事件负主要责任。显然，他们在自我管理的情商能力和实用性方面排名较

首版序言
创立一种更好的文化

高。不幸的是，他们的个人主义倾向虽然不是每次，但能常会促使他们采用个人贡献的方式进行管理工作。

理性主义哲学的中心主题是通过建构一个他们如何工作的图像，以期理解人、事和世界，这样，能够为他们在预测未来时提供一些情绪安全感。持有这种哲学的人依靠逻辑做出决策，并在评估事物价值时，依据有内在"原则"或强调理由的一系列指导方针。这类人的观点在很大程度上依赖于认知能力，有时需要排除社交能力。你可能会听到一个持有理性主义哲学的人这么说："如果你有一个完美的解决方案，人们将会相信它，无需努力说服他人。"这样的人可以采用愿景式的领导风格，如果愿景能描绘出合理的未来的话。

人文主义哲学的中心主题是一种赋予生活意义的亲密个人关系。持有这一哲学的人们致力于追求人类价值，家庭关系和亲密朋友关系被视为比其他关系更重要。他们评估一项活动的价值是以其如何影响他们的亲密关系为依据的。同样，忠诚的价值超过了对工作或技能的掌握。实用主义哲学的领导者可能会引导员工"舍小我为大我"，而人文主义哲学的领导者把每个人的生命看得同样重要，以自然的方式培养社会意识和关系管理能力。因此，他们的领导风格强调与他人互动。

我们每个人都相信这三种价值导向（即实用主义价值、理性主义价值、人本主义价值）。但是，我们中大多数人在生命中的不同阶段，对三个价值导向的优先排序有所不同。

关键在于我们必须更多地了解我们的价值观和我们如何实现价值观——即我们的人生哲学。如果我们希望通过和平共处让世界变得更加美好，我们要对那些有着不同价值观和哲学的人保持敏感性。如果我们希望拥有一个适应性强、有弹性、能创新的企业，我们要对价值观和哲学的差异保持敏感。只有当我们接纳并尊重多样性时，多样性才能给我们带来创新。

在本书中，莱尼克和基尔将德商定义为"一种心理能力，这种能力决定了人类普遍性原则在多大程度上应该被应用到我们的价值观、目标和行动中。"他们主张，我们天生是有道德的，但是经常偏离正轨。我们每个人的内心都有着价值观和道德指南的基础。我们每个人都应该经常关注我们的道德指南，我们目前所做的还远远不够。莱尼克和基尔在这个领域的探索，对当下而言，太重要了。

文化相对主义和重要的道德地平线

我们通过互联网、电视、电影和报纸看到这个世界的巨大差异。这种差异还存在于组织中和学校里。当我们漫步在世界各大城市，差异也随处可见。每个文化和文化中的亚群体，都能确保它的价值观和哲学对其他人是"好"的吗？也许不行。

麦吉尔大学教授及著名哲学家查尔斯·泰勒在他1991年出版的著作《真实的伦理》中提到，文化相对主义和后现代主义违反了基本的伦理标准。他说，文化相对主义即，每个人都有基于他们环境和文化的道德最终会导致道德混乱。文化相对主义意味着自我中心和自私。正如《德商》主张的，泰勒主张在人类社会中，存在"重要的道德地平线。"这是莱尼克和基尔提出的对组织成功至关重要的普遍性原则。我们知道杀人是错的。但是我们可能因一些意外事件而杀人。为了保卫家人而杀害某人是被容许的吗？那么为了让自己获得食物呢？为了抢夺他人的衬衫或运动鞋，因为你喜欢但买不起？或因为他们惹怒了你？因为他们侮辱你的信仰？泰勒的思想对于本书观点的运用是重要的。我们如何去判定道德普遍性中的哪些例外是情有可原的，哪些才是德商的缺失？

这使我们回到一个问题：谁的价值观和哲学是正确的，或者比其他人更加正确？莱尼克和基尔在他们这本书中用非凡感人的故事说明，如果没有高度的德商，我们会退回到极力捍卫我们自己的观点的状态中，并视之为最佳，还会把它们强加到别人身上。

在对德商的成分进行分解时，莱尼克和基尔向我们展示了诚信、负责、怜悯和宽恕，以及情绪是如何合为一体形成这种道德能力的。他们提供了许多观点，例如我们如何使用我们的德商去唤醒他人的德商。这种聚集效应将成就更加高效的组织。为什么？首先，我们将为我们在哪工作、公司拥护什么而感到自豪。因此，我们将会更加忠于组织，忠于组织文化，忠于组织愿景。第三，我们将会衡量和运用我们的才能（以及周围人的才能），因为我们没有愧疚感和罪恶感。第四，这是正确的事！

相信和归属

价值观、哲学和德商，对商业有另外一个重要影响——它们构成了我们组织愿景、目标和文化的基础。我们想相信我们正在做的事情。我们想感受到我们在做贡献、我们的工作有意义。但是，迫在眉睫的劳动力储备和技能短缺意味着，正如麦肯锡公司说的，我们正处于"人才的战争"中。这将变成一场争夺人心和头脑（甚至精神）的斗争，如果你的组织想要吸引、留住并激励人才的话。未来的十年二十年，一个组织的愿景、目标和文化，在你甄别应聘者时将成为更加重要的招聘标准。

德 商

接下来的篇章，将引发你反省自己的信念和使用信念的方式。读到具有高德商的高效执行官的事例时，你将备受鼓舞。读到低效执行官似乎无法践行德商时，你会感到羞愧和尴尬，但是，请读下去。他们的论点简洁，行文流畅，很容易读懂。这份材料是有深度、重要的。德商所产生的影响要比你的组织获得长期成功深远得多，还关系到我们文明的传承。

理查德·博亚兹

《最初的领导力》作者之一

2005 年 1 月 31 日

引 言

2005年，我们很幸运地出版了《德商》的第一版。在书中，我们认为，当领导者和他们的组织按某些核心的普遍性原则做出行动，就能实现可持续性的商业绩效，这些普遍性原则包括正直、负责、怜悯和宽恕。我们描述了在道德和商业两方面对领导者都具有积极意义的行为方式。我们以美国最受赞誉的领导者的经历作为例子，说明道德能力和商业成功之间至关重要的关联。

我们仍震惊于像安然公司和世通公司在新千年开始之际爆发的财务丑闻，希望《德商》能够呼唤领导者为他们的股民和他们自己做"正确的事情"。自《德商》在6年前出版以来，无数领导者响应召唤，投身行动。遗憾的是，还是有领导者继续湮没他们的道德罗盘，放弃正直，选择贪婪。在某些情况下，实践已经证明，忽视道德原则和价值观将可能导致灭顶之灾：2008年秋，全球经济几乎崩溃。这主要应归咎于（尽管不是全部）金融服务产业领导者将他们个人和公司的短期经济盈利置于一切之上，甚至不愿对顾客、员工和国家生存负责。

总部位于美国明尼苏达州明尼阿波利斯市的曼彻斯特公司总裁及CEO马克·谢弗特对金融危机和全球经济衰退之下的道德问题有如下看法：

> 我发自内心地相信，金融危机的根本原因是人们从经济蛋糕中攫取他们不正当份额的贪婪、权力和堕落所致。金融机构、华尔街、缅因街①、投资客、评级机构、卖方，买方。是否是庞氏骗局①或者倒填股票期权或者其

---

① 缅因街是美国小城镇商业和社交活动的街道通用名称，泛指平民阶层及他们的生活。——译者注

他，都不重要。这个国家已经丧失它的道德罗盘。约翰逊研究所最近做了一项研究表明，56%的MBA学生和43%的法律专业学生承认他们有欺骗行为，在这些人当中有93%的人说欺骗是正当的，超过90%的人表示他们对此行为在道德上没有纠结感。请记住，这些年轻的骗子和说谎者是我们未来的商业领导者、政治家和专业人士。贪婪和伦理道德的缺失已经渗入我们社会的每个方面，这是一个系统的问题。因贪婪和缺乏伦理导致大量失业的混乱经济状况，而出于各种原因，这种局面不会很快有所好转。美国GDP的6%与处理欺诈的花费有关。这就意味着如果你的公司创收1亿，那你的公司每年在处理欺诈和伦理缺失方面要花掉600万。

阿默普莱斯金融公司首席营销官及金融规划和财富战略总裁金·沙朗重申了马克·谢弗特对忽视道德原则带来经济成本的分析。

不信任在市场中非常严重。当每天新闻中都会出现新的丑闻或欺诈事件，你如何向顾客强调，你在致力于为他们的利益服务？过去三到五年所发生的事使超越这些噪声变得很难。我相信，每家能源公司都会因发生在世纪之交的安然事件而有所触动。在金融服务行业的每家公司和每个人都能感受到，雷曼兄弟公司和伯纳德·马多夫事件已经产生晕轮效应。因为社会媒体的信息散布，环境中的病毒成分导致人们对整个金融服务的高度不信任。

对于我们来说，我们不得不想出办法来向客户展示，我们是诚信和优秀的，每一回合我们都为顾客做正确的事情——一切都很严格。树立品牌的核心是负责为顾客带来非常棒的体验。每个顾问和每个员工必须每次按特定的原则提供服务。这些原则是主动关心顾客、诚信地做事、拥护正确的事、承担服务顾客的责任。一旦涉及德商，我们所有人都必须非常真诚。这点通常对获得持续性成功至关重要，这个道理在当前，比任何时候都来得显而易见。

在《德商2.0版》这本书中，我们试图强调道德能力不仅对领导者个人和商

---

① 庞氏骗局，20世纪名为查尔斯·庞齐的投机商人发明的一种投资诈骗术，类似于很多非法的传销集团常用的金字塔骗局。——译者注

业很重要，对于全球经济存亡同样也很重要。对当今的管理者而言，更加清楚的是，道德能力不是"最好拥有"，是"必须拥有"。

21世纪前十年的诚信危机已经造成巨大的破坏。但是，这些危机还没有令足够多的领导者领会德商领导力的重要性。领导者需要多少次被唤醒才能理解，他们最终的成功依赖于道德领导力？领导者还有多少次机会去做正确的事？在当今岌岌可危的全球经济大背景之下，我们担心，要我们放弃贪婪、选择正直的警钟，它的敲响也许是给我们的是最后一次机会。

2009年春天，美国运通CEO肯·陈纳德与本书作者道格·莱尼克会谈后评论说："商业过于注重投资和经济回报，而在投资和社会利益上关注较少。"如果像美国运通这样标杆性组织机构的CEO都认为，商业应该给予道德价值观更多关注，其他领导者怎么可以忽视将道德价值观置于行为中心的呼吁？领导者应该让自身达到高标准，符合德商的标准。

德商不仅只是美国商业领导者所面临的一个问题，也是一个普遍的领导力规则。举个例子，作为全球邮政和物流服务供应商的德国邮政（Deutsche Post），它的领导者持续不断地强调企业价值观的重要性：提供卓越品质服务、帮助顾客获得成功、促进开放性，遵循优先原则、具有企业家精神、诚信地工作、承担社会责任。德国邮政挺过许多困难时刻，包括2008年11月对美国分公司一次大规模裁员，那时全世界开始经受金融危机和经济萎缩的影响。2009年，遭遇营业额受损之后，德国邮政在2010年第三季度末实现13.9%的稳固性营业额增长反弹。德国邮政忠于自身价值观和道德准则，带来持续的盈利，这并非偶然。

追溯到1990年代中期，远在2000年年初公司会计审计丑闻之前，远在网络公司泡沫破灭之前，在我们原本可以想象到2008年爆发的全球金融危机之前，我们两位作者有过一次交谈，现在回想起来当时的情景还历历在目。道格当时是美国运通金融顾问公司咨询与零售部的执行副总裁。道格以培养了一支由约一万名金融顾问组成的高绩效销售队伍而闻名，并且他在美国运通是情商技巧训练的早期标兵。执行力教练领域的先驱弗雷德·科尔是一名心理学家，也是一家领先的执行力发展公司的共同创始人，致力于帮助高级执行官提升他们作为领导者的个人绩效。

在交流过程中我们发现，我们在各自努力使高绩效要素概念化方面，有一些不谋而合的想法。我们赞同情商的重要性——情商包括自我意识、自我管理、社会性意识和关系管理技巧，在当今，这些普遍被认为对工作成功而言非常重要。但是我们发现，要确保持续的长期绩效情商是不够的。

在将近30年里，我们共同工作，作为公司的执行官、创业者，以及作为财富500强公司、大型私企和新兴公司的首席执行官和高层领导者领导力顾问。我们已经各自为数百位领导者提供教练服务。他们中最成功的人似乎具有某种共性，这种共性超越了洞察力、训练或人际技能。我们也谈论具有出色情商技能的知名公众人物，当面临道德决策时，他们宛如风中的芦苇摇摆不定。我们假设有某种比情商技能更加基础的东西（一种道德罗盘）对我们而言似乎是基业的核心。我们的想法成为《德商》第一版的重点。现在回想起来，我们也许走在了时代的前头：在后来发生的金融危机背景下，我们之前有关德商对商业成功重要性的洞察，似乎比以前更加有意义。

我们将本书作为路径地图，献给寻找和遵循道德罗盘的领导者。在每章的开头几页，你将听到致力于德商行为的领导者的心声。虽然我们相信，做正确的事本身而言就是正确的，历史也已经证明，遵循道德罗盘的领导者能够发现，做正确的事对他们的组织而言也是正确的。在这本书中，我们希望你找到能够帮助你成为一名优秀领导者的钥匙。你和你的组织，值得拥有最好的东西。

所访谈的领导者

我们要衷心感谢帮助我们思考和研究的大批领导者们。他们慷慨地贡献出他们的时间，并且公正且坦诚地进行自我评价。

思想伙伴

我们非常感激许多同人和导师，是他们帮助锤炼了我们思考领导力的道德维度。

第一部分
德　商

01

好的企业

吉姆·汤姆森是 Thrivent 金融公司会员服务部的高级副总裁，该公司是基于会员制的金融服务公司。吉姆对 2008 年 9 月金融危机的场景历历在目："我对这个行业非常气愤"，他说道，"但从一开始我就不担心我们的公司。"与竞争对手相比，Thrivent 金融公司有着坚实的基础，在 2008 年年底利润仍然非常丰厚。在发生经济危机的前几年，当"一切都热火朝天"之时，Thrivent 金融公司一些现场销售人员给管理层施加很大压力。同时，西瑞温特银行相比之下更加激进，做一些其他公司也在做的事。但 Thrivent 金融公司的管理层拒绝如此。

比如，当谈到房屋贷款时，我们一直坚持那些经得住时间考验的原则。实际上，我们需要的是，诸如支付的房价下降 20%、使用独立的评估师估算资产价值。在我们的投资组合中没有次级抵押贷款。当许多其他的公司对市场虎视眈眈，并赚得盆满钵满之后，我们要坚守原则是很困难的。但是这样做是正确的，而且我们的确也做到了。

吉姆认为，Thrivent金融公司之所以能够躲过一劫，得益于其较为保守的投资做法。但也不完全是，他介绍道：

2008年年底，我在管理团队召开会议的地方待了整整一周，然后便得到许多好消息。我们与雷曼兄弟公司接触较少，现在有充足的资本，公司业务没有依赖短期债务，我们真正地处在一个强势地位，并为渡过这个非常困难的金融风暴做好了准备。当时我的感觉是相当不错的。

那天晚上，吉姆在明尼阿波利斯市中心著名的大仓库出席了一个慈善活动。

我与朋友在安静的拍卖现场闲逛，他介绍了一个熟人给我，那人是一家公司的高层管理人员。他问我以什么为生，我告诉他我在一家金融服务公司工作，他回答道："在过去，那是一个非常值得尊重的职业！"他这样说的时候，仿佛向我的脸上扇了一个耳光。这个评价使我深受启发，一直以来，我认为我们做了正确的事，使得我们免于金融危机的影响。但是我才意识到，我们已经被社会成员判为有罪人士。于是我开始思考："如果我都能产生这种感觉，那么每天与顾客打交道的男女员工们肯定也会有类似的感受。"

吉姆在那一刻意识到，Thrivent金融公司需要做出努力才能有别于其他同行。

我个人和公司的声誉已经被拖进了行业的污水中，这对我们的员工和服务代表来说是非常残酷的事实。我意识到，就个人而言，我们需要肩负起为客户提供信息、理解客户需求的责任，我需要鼓励我们的服务代表、给他们可以让他们积极起来的信心，并且我应该与客户和会员保持接触。我和其他管理人员要努力确保服务代表能够理解为什么客户能够或者应该对他们及公司有信心。很多行业顾问都躲了起来，但我们继续进攻，并增加了我们与客户之间的交流和联系。

吉姆和他的同伴，即 Thrivent 金融公司的高管们，在金融风暴中采取的策略在很大程度上已经获得了成功。"实际上，我们历经了有史以来最好的三年，"吉姆说道，"这是因为我们有足够的勇气不随波逐流，我们公司所做的决定都是从客户最长远的利益出发。"

当问及吉姆眼下最大的担心是什么？他说："我担心的是，人们总是好了伤疤忘了疼。虽然让行业走下坡路的一些领导者已经消失，但依然可以看到一些类似的行为又会出现，这将再次损害行业的利益。"

道德性弱智行为

吉姆·汤姆森的担心的确发生过。在过去的 10 年中，金融界经历了两波重大的财务劣迹。这 10 年里的第一个标志性事件是企业的会计丑闻，所有问题的根源在于一部分企业管理层的道德弱点。

经营能源的前安然公司成为了 2001 年腐败事件曝光的首批公司，据揭露，该公司的财务状况存在欺诈，主要是经过周密部署和大范围的会计造假。2006 年 5 月，前首席执行官肯·雷和杰弗里·斯基林被判刑事欺诈和阴谋罪。对雷的审判因为他的死而发生了戏剧性的转折。2006 年 7 月，他由于"自然原因"死于心血管相关疾病。2006 年 10 月，斯基林被判 24 年零 4 个月的监禁。2004 年，前安然的首席财务官安德鲁·法斯托承认自己的欺诈罪行，最终被判为期 10 年的监禁。2006 年 11 月，安德鲁·法斯托和他的前任首席助理迈克尔·科珀，由于协助检察官调查肯·雷和杰弗里·斯基林获得大幅减刑。2004—2009 年年底，安然债权回收公司支付给了债权人和控方大约 216 亿美元的费用，这导致了安然公司的崩塌。

2004 年 7 月，阿德尔菲亚有线电视公司的创始人兼前总裁约翰·里加斯和他的儿子蒂莫西被指控犯有阴谋、证券欺诈和银行欺诈罪。法院向他们提出控告，包括隐瞒 23 亿美元贷款、私自挪用经费，至此，全美第五大有线电视公司宣告破产。

2004 年，美国证券交易委员会（the Securities and Exchange Commission，简

称 SEC，以下简称美国证交会）指控朗讯科技（后来被法国电信设备制造商阿尔卡特收购）在 2000 财年以欺诈手段骗取超过 10 亿美元的收入，并且当年财务税前收入达到 4.7 亿美元。同时，它还被指控个别高管涉嫌参与这次事件。2004 年 5 月，朗讯与美国证交会达成和解，并支付了 2500 万美元罚款。收到指控的 10 个高层管理人员得到了相应的处罚，他们将在随后两年内接受若干处罚。

2005 年，前南方保健公司首席执行官理查德·斯库西被宣告无罪。在 1996 年到 2002 年期间，该公司在涉嫌 25 亿美元的诈骗计划中夸大收入和虚增库存价格。无罪释放令许多人大吃一惊，因为曾有广泛的证词指向他知晓本次欺诈事件，而且已有 15 名前高管认罪，并且第 16 个高管已被陪审团定了罪。但斯库西的法律问题还没有结束。2006 年 8 月，阿拉巴马州最高法院裁定，斯库西必须偿还 4880 万美元的奖金，这是他在欺诈事件期间收取的金钱数额——当时公司在维持经营上正蒙受着巨大的损失。

2006 年，杀毒安全软件供应商迈克菲公司解雇了总裁凯文·韦斯。而首席执行官兼董事长乔治·撒曼科在接受股票期权调查并被发现存在会计问题，需要重审财务报表之后，他便宣布退休。

堪萨斯公用事业韦斯塔尔卫星系统能源股份有限公司前任首席执行官戴维·威蒂格于 2006 年 4 月被判处 18 年监禁，他被判阴谋、电信诈骗、洗钱和规避内部控制的罪行。2007 年 1 月，在联邦上诉法庭驳回了一些定罪之后，已服刑 13 个月。

其实德商原本可以令这些公司和领导者远离法庭，但是，因为对德商的忽略，这些公司、员工和全体股东都将蒙受损失。虽然由企业腐败而导致了一系列损失，虽然新闻照片中高管们戴上了手铐，但美国企业似乎仍然没有吸取丧失道德后的经验教训，这样的公司丑闻只不过是不良经营行为中的冰山一角。

金融服务成为主角

没有哪个行业能像金融服务行业那样，一旦缺乏道德智慧便会导致异常严重的后果。如果用道德的视角来检视金融服务业，服务于客户的金融需求、然后再从中获得利润，这才是一家金融服务公司的生存之本。但在过去10年间，许多金融服务公司把这一使命抛之脑后。结果变成，它们总是优先考虑自己的经济收益，并且往往以牺牲客户的利益为代价。回首过去的几年，M&I银行的财富管理集团总裁肯·科瑞注意到：

> 金融行业里有一种强势的营销模式，就是去销售最容易出售的产品，如现在的债券和早期的期权利率证券。公司试图推动这一势头以创收，但这最终会危害到卖家的利益，因为最容易出售的不一定是消费者最需要的。

戴尔·拉尔森是美国最大的防风门制造商拉尔森制造公司的总裁，他回应了科瑞对华尔街的评论：

> 我属于对华尔街持怀疑态度的那类人。他们认为产品越复杂越容易卖出去，每个人都认为自己比别人聪明。而我认为，金融衍生品的投资方式有些过了头。我觉得，很多人知道他们在卖什么，但却一点也不在意。20世纪50年代，金融机构只有6%的利润，现在利润达到了35%左右，所以很多人通过货币流通赚钱。

2008年的秋天，越来越多的行业观察家坚信，金融服务行业贪婪的高管不仅欺骗了客户个体——他们可能是这场威胁全球经济整体下滑的大规模经济危机的主要肇事者。他们导致了自从20世纪20年代到30年代的大萧条以来最严重的经济衰退，与上一代企业不法分子有所不同的是，他们至今仍然逍遥法外。

媒体广泛报道，在2007年开始孕育的经济危机中，前抵押放贷者全国金融公司的首席执行官安杰洛·莫奇洛是首要嫌疑人。2009年6月4日，美国证交会指控安杰洛·莫奇洛和其他两名全国金融公司高管。根据美国证交会在2010年10月15日发布的资料显示：

他们（全国金融公司的高管）没有向投资者透露，全国金融公司在努力提高和维持市场份额过程中所承担的巨大信贷风险。投资者被服务代表误导，他们向投资者保证，全国金融公司是竞争对手无法超越的高质量抵押放贷方。而实际上，全国金融公司签下了风险越来越高的贷款，高级管理人员知道，与捆绑和出售的贷款抵押证券一样，在其服务的投资组合中违约和拖欠行为的数量因而也随之上升。

美国证交会的诉讼进一步指称，安杰洛·莫奇洛涉嫌内幕操控全国金融公司的证券，他分别于2006年10月、11月和12月起草了四个10b5-1证券交易的销售计划。而当时，他是知晓关于全国金融公司信贷风险上升、贷款不良业绩预期的资料和非公开信息的。

2010年9月，《每日财经》作了如下报道：

在2008年次贷危机期间，莫奇洛标志性的古铜色的脸已成为高管无节制的同义词。除了他那令人咋舌的年薪，以及由公司出资供他在三个乡村俱乐部的会员资格，莫奇洛还在全国金融公司股票中获利数百万美元，若要清算下来增加财务底线的话，那将超过4.06亿美元。在2006年和2007年，这些股票市值为1.4亿美元。

莫奇洛在抛售他在全国金融公司股票的同时，公司也在放宽按揭条件，逐渐陷入越来越深的次贷风险，最终陷入破产倒闭的境地。这些宽松的按揭标准对莫奇洛的朋友非常有利——包括埃德·麦克马洪、参议员克里斯托弗·多德和房利美公司的十几个员工——他们从全国金融公司得到了几笔可观的贷款。但是这对股东们没多大好处，他们在全国金融公司破产之后，便两手空空。

2010年10月，莫奇洛与美国证交会达成协议支付6750万美元，从而免遭欺诈和内幕交易的起诉，这是美国证交会的案件中，公司高级行政人员支付的最

好的企业 01

高金额。这些资金将用于补偿那些遭受损失的投资者。

前金融巨头贝尔斯登公司在2008年破产并被摩根大通收购之前，曾多次入选《财富》杂志"美国最佳雇主"榜单，并且在所有证券公司排名中位居第二。这个一年一度的调查是一项久负盛名的排名评比，以雇员才能、风险管理质量和业务创新为评判标准。《财富》杂志在2007年7月报道说，当贝尔斯登公司两支致命抵押贷款证券的对冲基金已接近崩溃边缘之时，首席执行官詹姆斯·凯恩正在美国田纳西州首府纳什维尔玩桥牌。2008年3月，该公司濒临破产之际，凯恩仍然在打桥牌——这次在底特律。两周后，就在摩根大通提出收购这家公司时，凯恩出售了他在公司所有的股权，获利6000万美元。贝尔斯登公司的客户却没有如此幸运。凯恩后来承认自己对曾经的明星公司破产负有一定的责任。他告诉《财富》杂志的记者："我没有阻止它。我没有控制杠杆。"

据调查了雷曼兄弟公司2010年发生的所有事件的彼得·查普曼所述，"雷曼兄弟，一家引以为豪的金融机构却在150年后因向全世界兜售垃圾而倒闭"。雷曼兄弟公司前任首席执行官迪克·福尔德对这家华尔街最受尊重的公司的倒闭负有责任，他已经激怒了老客户，引起了公众的不满。福尔德拒绝为雷曼公司的倒闭致歉，这点遭到了众人的唾骂（此为目前美国史上最大的未偿债务，共计6130亿美元），正如一位评论家指出，"连伯纳德·马多夫都道歉了"。

负责协调美林银行收购事宜的美国银行前任首席执行官肯·刘易斯却被众多媒体披露，他隐瞒了关于巨额分红的信息，随后这笔奖金获得联邦问题资产救助计划（The Troubled Asset Relief Program，简称TARP）资助，补偿给美林公司的员工。2010年2月，美国证交会和纽约总检察长安德鲁·科莫在进行了一项调查后，安德鲁·科莫起诉美国银行欺骗投资者和政府，在收购美国美林公司时，未能披露美林公司的奖金协议。美国银行同意支付1.5亿美元的罚款，与美国监管机构达成一个相关诉讼的和解协议。

与雷曼兄弟、贝尔斯登和美林这些被揭露的贪婪的投资公司相比，高盛最初似乎是一个优秀的例外。但事实证明，它在道德上未能幸免。在华尔街惨败中，高盛还有能力发放高额分红,这使金融服务行业的其他公司可能感到宽慰,但是美国政府官员仍然对它的成功心存疑惑。2010年4月16日,美国证交会起诉高盛在担保债务凭证与次优抵押贷款的组合和营销中,涉嫌欺诈行为。据美国证交会宣称:

> 美国证交会指控,高盛组合和销售一种合成的担保债务凭证,并依靠次级住宅抵押贷款证券的表现。高盛未能向投资者披露有关担保债务凭证的重要信息,特别是大型对冲基金在投资组合选择过程中发挥的作用,以及对冲基金对担保债务凭证产生了空头的事实。
>
> "产品是新颖复杂的,但其中的欺骗手段依然简单老套。"执法司主任罗伯特·库查米说,"高盛错误地允许顾客对抵押市场下投注,这对包括在投资组合在内的抵押证券产生严重影响。然而,它却告诉其他投资者,证券是由一个独立客观的第三方选择的。"

美国证交会结构化和新产品部门主任凯文斯·勒曲补充道,"美国证交会将继续调查投资银行和其他涉及复杂金融产品证券化的做法,它们与美国的房产市场关联,而房产市场已开始出现困顿的迹象"。

美国证交会指控,世界上最大的对冲基金公司之一保罗森,付费给高盛开展这场交易,保罗森公司可以持有它所选择的抵押证券的空头头寸,基于他们认为证券将遭遇信用危机这样一个理念。

根据美国证交会向美国纽约州南区地方法院提交的诉讼,担保债务凭证的营销材料,也就是众所周知的ABACUS2007-AC1(ABACUS),表明作为担保债务凭证基础的住宅抵押贷款证券由ACA公司进行挑选,ACA公司是一家擅长分析住宅抵押贷款证券信贷风险的第三方公司。美国证交会指控,营销材料中没有公开信息,让投资者毫不知情。如果住宅抵押贷款证券产生拖欠,那么保罗森公司的对冲基金便会稳操胜券,这对选择哪种住宅抵押贷款证券参与组合,将发挥重要作用。

好的企业 01

美国证交会指控保罗森公司在参与投资组合选择之后,很快出售住宅抵押贷款证券,即通过买入高盛的信贷违约掉期来获得对ABACUS资本结构的特殊保护。由于金融短期利益的存在,保罗森公司有很强的经济利益冲动来选择住宅抵押贷款证券,因为他们期望住宅抵押贷款证券在不久的将来会遭遇信用危机。高盛在条款清单中,没有透露保罗森公司的空头头寸及其在担保选择过程中发挥的作用,也没有提供记账簿、备忘录以及其他营销材料给投资者。

美国证交会指控高盛副总裁布理·图尔应该对ABACUS2007－AC1担负主要责任。图尔组织了这场交易,准备了营销材料,并直接与投资者沟通。图尔被指控其知悉保罗森公司在担保选择过程中未被披露的短期利益和作用。此外,他涉嫌误导ACA公司,使其相信保罗森公司投资近2亿美元购买ABACUS的股权,这将意味着在担保选择过程中,保罗森公司与ACA公司的利益紧密相关。然而在现实中,他们利益是存在尖锐冲突的。

根据美国证交会的讼词,这项交易在2007年4月26日结束,保罗森公司因ABACUS的组织和营销支付给高盛约1500万美元。到2007年10月24日,83%的ABACUS组合中的住宅抵押贷款证券已降级,17%的组合处在负面观察中。2008年1月29日,99%的投资组合已降级。ABACUS负债的投资者声称损失已超过10亿美元。

高盛在被美国证交会指控之后,2010年4月27日被传召在美国参议院常务调查委员会上作证,因为担心高盛已经知道"公司自己的证券注定要失败,会对这些证券偷偷下注,或者帮助客户这样做"。

高盛被指控的这些行为可能不是非法的,但根据许多行业领导者的经验,它肯定是不道德的。金融研究公司机构风险分析的总经理克里斯托弗·惠伦总结了美国证交会以这种方式指控高盛的意义所在:"曾几何时,华尔街的金融公司是保护客户的。这项诉讼揭露了一个讽刺的事实——华尔街的野蛮文化,允许交易商欺诈一个客户而让另一个客户盈利。"

美国金融产品的主要分销商顾问网金融公司总裁丹·梅认为,"一家在业内有150年声誉的公司,在为了赚更多钱的压力下做出这样的反应,实在让人震惊"。他也认为不仅包括大公司，财务顾问个人也需要为不合乎道德的销售行为承担一些责任：

> 我相信财务顾问有一些责任。我们无法控制市场，但顾问们可以让人们为不确定的确定性做更好的准备。顾问需要提出（关键性的）问题，如果某些事情是正确，要以坦然之心面对客户的流失。我们要对自己期待更多。我们要确保这类事件永远不再发生。

余波不断

然而，不仅仅只有华尔街的客户群体、投资者遭受金融服务行业贪婪的毒害。截至2011年，仅在纽约州，经济崩溃已造成金融行业失去了近30万个就业岗位，其中大部分集中在联合销售和相关及办公室和行政支持等类别的职业。换句话说，在金融服务公司中的低收入员工，遭受到他们高薪上司所犯错误的冲击。

当谈及造成全球经济灾难性崩溃的潜在因素时，你可能会想到很多原因：华尔街贪婪的高管、腐败的政客和失职的监管机构。如果所有这些指控都得到了证实，那么有一点很明显，它们的共同之处在于缺失了道德能力。尽管陪审团仍然认为众多金融行业的领导者要为这场金融灾难承担法律责任，但有一点不可否认，并且显而易见：如果更多金融行业领袖一直关注其商业决策的道德后果，这场全球金融危机可能不会发生。而且很明显的是，让大家仍然深陷其中的这场经济危机并不只是"几个害群之马"的责任。把我们推到灾难边缘的，更像是一场由于商界领袖、监管机构、政治家甚至消费者的道德无能而引发的流行病。但是，正是商界领袖，应该承担起在道德框架内管理企业的特殊职责。到底哪里出了问题？企业领导者似乎关闭了自身德商的开关。这就像一个重大停电事故，只有企业领导人重新回归道德立场，才能使灯再次亮起。只有重新强调德商的重要性，才能恢复公众对普遍性商业，特别是金融服务行业的信心。

好的企业 01

道德领导力是什么样子

尽管一大批在道德上妥协的管理者成为过去10年新闻报道的主流，但仍然有不少能鼓舞人心的有德商的领导者在做着榜样。Thrivent金融公司的吉姆·汤姆森，本章的开头曾提到过他，举例说明了在面临"随波逐流"的压力情况下而做正确事情的重要性。这种道德勇气不是一夜造就，大多数成功的领导者在道德上都有天赋，但其中鲜有领导是道德天才。他们都会时不时地犯错，在职业生涯早期，他们所犯的道德错误更是频繁。但因为他们的德商很高，所以能够快速学习。如果他们认为自己对道德失误负有责任，会从失误中总结经验，并采取行动。看看杰·考夫兰的故事吧。考夫兰现在是XATA公司的董事长兼首席执行官。2005年之前，他是美国明尼苏达州最大的软件公司罗盛软件的首席执行官。回到1998年，他醉酒驾驶打瞌睡，酿就一场毁灭性的交通事故，他身受重伤，父亲在车祸中去世。那时谁都没想到他日后会成为罗盛软件的最高领导者。这起事故是他人生的转折点，他重新树立了宗教信仰，与家庭的联系更紧密，经常参与社区服务，对罗盛软件更加忠诚。考夫兰承认自己犯了车祸致死罪，被判处1个月监禁和5个月的本宅软禁，以及10年的缓刑。由于考夫兰的诚恳和后来社区的支持，在他服刑3个多月时，法院对他减刑判至轻罪。考夫兰不在罗盛软件公司期间，由他一手创办的健康关爱部门仍然蓬勃发展。他告诉《华尔街日报》的记者，"当你退出公司，发现它仍然能够运行。这个时刻，我真切感受到作为领导者的成功"。

考夫兰的财务业绩给人留下了深刻的印象，这也是其后续成功发展的最重要因素。发生在考夫兰身上的事故，对大多数人来说，可能意味着职业生涯的终结。但是，他对这场事故的反应却非同一般。"值得称赞的是，考夫兰及时地站起来，毫不犹豫地承担起责任。"该公司的共同创始人和董事会联合主席理查德·罗盛说道，"对我来说，最重要的不是你犯的错误，而是你如何处理这些错误"。

德商2.0版

加里·奥根的故事为证明逆境是如何促进领导者的道德成长提供了更多证据。加里·奥根是国际管理集团教练部的主席，该公司是世界上最大的体育营销和人才代理机构。加里是一个做事认真、喜欢竞争、仪表堂堂的男子，他以前是一名橄榄球运动员。年轻时，他被招募进旧金山49人队，后遭裁员。后来又加入纽约喷气机队，却再次被裁员。加里感到万分沮丧，后来决心寻找另外一条成功的途径。他在所罗门兄弟公司找到了一份金融交易员的工作，并在每个工作日晚上学习法学院的课程。当他祖父去世时，家人非常希望他去守灵并参加葬礼。加里很担心这会影响他的学习和工作，所以他认为他可以参加葬礼，并在葬礼午餐后露个脸，然后回去继续工作。但是当他到达餐馆，他才认识到失去家人的重大意义，意识到之前对家人和工作的排序顺序是错误的。他给老板打电话，并告诉他自己暂时不能回去工作。他知道，如果此刻不能陪伴他的家人渡过难关，那么以后无论怎样做，都不能弥补这个缺憾。

琳·范特是美国最大的直接反映媒体服务公司ID媒体公司的首席执行官，是另一位具有道德天赋的领导者。在一个凉爽春日的傍晚，琳恩走回她位于纽约市一栋摩天大楼内的办公室，窗外帝国大厦清晰可见，另一扇窗可以看到大都会人寿和扁铁大厦。但琳似乎没有注意到这壮观的景色。她径直走向了办公桌，打开了一封来自总公司埃培智集团人力资源经理的电子邮件。人力资源经理担心她现在的工作，因为她主持公司内部网上的"向琳提问"专栏，回应员工的意见和提问，他们质疑这一举措是否值得。琳认为，她个人对员工回应是ID媒体公司文化的重要组成部分。她觉得"向琳提问"栏目给了她关心员工的机会，自己有责任同员工分享她的商业见解。在她看来，花费时间是值得的。琳确信，员工乐于知道他们可以问她任何事情，而她会给他们一个诚实的回答。他们也乐于知道她了解市场趋势，并愿意与他们分享她的想法。"作为交换条件，"琳说，"我真正取得了他们的信任，这才会帮助我们获得成功。"琳坚持自己的原则，在任何时候她都不会放弃在公司内网所做的事。

杰、琳和加里只是许多拥有高尚道德智慧领导者中的几位，他们遵循他们自己的道德指南，各尽其能。他们这样做是因为他们相信这是正确的事情。当领导者的行为与道德原则、价值观保持一致时，有趣的事情发生了：任何可衡量能力的途径，如销售总额、利润、人才保留、公司声誉和客户的满意度上，他们通常在这些方面都会有不凡的表现。这绝非偶然，成功的领导者将其成就归功于自己将业务相结合的悟性，和始终如一坚持道德准则。

道格·贝克是拥有40亿美元资产的清洁产品制造商——艺康公司的首席执行官，他告诉我们，"按个人道德准则来生活，是我拥有这份工作的关键原因之一"。艾德·佐尔，美国西北互助公司的前董事长兼首席执行官，他说道："对我来说，道德就意味着公平、坦率和光明磊落，这些在我的职业生涯中至关重要。人们知道我们不会也未曾欺骗他人，我们不会浪费一分一毫，而且言出必行，这才是商业中的真正优势。"加里·凯斯勒是美国本田汽车公司负责人力资源及行政事务的高级副总裁，他把职业生涯的成就归功于自己的原则和价值观："36岁时，我担任博士伦公司一个业务部门的副总裁，45岁时我到本田任职。一路走来，一起工作的人都认同我带着诚心和信念去做正确的事，所以我认为自己是很幸运的。"

一种特殊的智力

你在整本书中见到的领导者，大多数都有道德天赋，德商颇高。通常大家可能比较熟悉其他类型的智力，比如认知智力（IQ）和技术智力（technical intelligence）。认知智力和技术智力不可否认是一个领导者成功的重要因素。领导者必须是一名优秀的学习者（IQ），并且擅长特定的商业领域（技术智力）。我们把认知智力和技术智力称为临界能力，因为它们是成为领导者的敲门砖。这两种智力是超凡表现的必要非充分条件。它们不能让你在竞争人群中脱颖而出，因为竞争对手的领导团队里也有与你不相上下的具备基本智力和商业头脑的人才。

让你脱颖而出的智力

为超越你的竞争对手，你需要培养一些不同类型的智力，我们称之为区别类胜任力。道德智力（Moral intelligence，也称德商）和情绪智力（emotional intelligence，也称情商）就是其中的两种类型，它们让你的竞争对手难以复制。许多企业领导忽视这些区别类胜任力，因为他们往往认为"软实力"是难以衡量的。然而近年来，已经有越来越多的组织意识到情商带来的好处。丹尼尔·戈尔曼为此赢得了极大的荣誉，他把情商的概念从学术的橱窗中带到了实际的商业殿堂。他所写的关于情商的书给我们提供了丰富的、令人信服的案例，说明情绪技能对企业领导者的重要性。

虽然情商作为商业工具已经得到了企业的广泛认可，但是其定义仍在不断发展中。1990年，耶鲁大学彼得·沙洛维教授和新罕布什尔大学的约翰·梅耶首次提出情商的概念。他们对情商的原始定义是"能够监控自己和他人的感受，区分其中的差别，并使用此信息来指导自己的思想和行动"。同时，他们界定了情商的组成部分。

- 评价自我和他人的情绪
- 调节自我与他人的情绪
- 适时适度的使用情绪

沙洛维后来将其扩展到了五个领域，丹尼尔·戈尔曼将其写进了1995年出版的《情商：为什么情商比智商更重要》一书中：

- 了解自己的情绪（自知）
- 自我管理
- 自我激励
- 识别他人的情绪
- 处理人际关系

1997年，沙洛维和梅耶重新定义了情商概念："觉察、评估，以及准确恰当地表达情绪的能力；理解情绪及相关知识的能力；诱发或产生情绪以促进思考的能力；调节情绪以辅助思维的能力"，他们修订了情商的组成部分：

- 觉察和表达情绪
- 在认知活动中使用情绪
- 理解情绪
- 调节情绪

情商领域的其他专家提出了与沙洛维略有不同的理解，但这些定义与梅耶和戈尔曼的概念相一致。例如，芭芭拉·弗雷德里克森的近作《积极性：揭示了如何拥有积极情绪潜在力量、克服消极并茁壮成长的开创性研究》提供了科学的证明：积极的想法在促进情商和提高个人及专业表现方面有重要作用。

德商对竞争市场来说是一个新词。就像情商和智商彼此区别，德商也是另外一种不同类型的智力。德商是一种心理能力，它能决定人类如何将普遍原则——比如"黄金法则"之类——应用于我们个人的价值观、目标和行动之中。这本书侧重于四个原则，它们是个人和组织持续成功至关重要的因素：

- 诚信
- 负责
- 怜悯
- 宽恕

诚信是具有德商之士的标志。若为人诚信，便能协调自己的行为，以符合人类普遍原则。我们做那些正确的事情，行为与原则和信念保持一致。如果我们缺乏诚信，顾名思义，我们便缺乏德商。

负责是有德之士的另外一个重要属性。只有一个人愿意为他的行为以及行为后果负责，才能确保他的行为是符合人类的普遍原则。怜悯是至关重要的，因为关心他人，不仅可以表达对他人的尊重，同时也创造一种氛围，当我们需要帮助时也能赢得他人的怜悯。宽恕是一个极其重要的因素，若无法容忍错误，对自己缺点没有足够认识，那么我们将变得僵化、固执己见、无法为了共同利益与他人共事。

怜悯和宽恕在两个层面上运作：第一、如何与自己协调。第二、如何与他人协调。因为没有任何人拥有完美的德商。将原则转化为行动意味着：当我们犯下不可避免的错误，当我们的行为不符合人类普遍原则，我们都需要以怜悯和宽恕之心对待自己。如果不能和善、宽容地对待自己，那么我们将没有精力继续发展自己的道德能力。同样，激励他人以提高他人的德商时，我们需要用怜悯和宽恕之心对待他人。

研究结果表明，情商比知识或技能更有助于我们取得生活的成功。情商可以帮助你获得强大的自控能力和人际悟性。但是仅仅有情商，还是无法让你避免犯错误。当个人或商业目标与核心价值观相冲突的时候，道德无能就会表现出来。几乎每个人在工作中都遇到过擅长社交但道德失败的人——可能是让同事承担不公正罪名的一名员工，可能是夸大老板侄子业绩评定的一名经理。但是迄今为止，还没有人对系统的德商培养给予太多关注，尽管最优秀的领导者都知道，德商是维持个人和组织绩效的秘密武器。

在情绪能力列表中呈现的某些能力有明显的道德色彩，如下面列出的内容：
（摘自丹尼尔·戈尔曼《情绪与工作》一书）

- 拥有（个人）价值观和目标的指导意识。
- 敢于说出那些不受欢迎的意见，为正确的事情甘冒风险。
- 行为符合伦理道德，无可非议。
- 依靠自身的可靠性和真实性，建立起信任感。
- 承认自己的错误，对抗他人不道德的行为。
- 坚持强硬的原则立场，即使不受欢迎。

我们认为，把它们作为道德能力的描述更加准确。以上是我们所述四项原则的一些方面。在本书中，我们探讨了诚信、负责、怜悯和宽恕的特征和所呈现的能力。也许把这些清晰的道德能力当做情绪能力更为安全，因为过去半个世纪的企业文化不鼓励大家谈论有关"道德"的字眼。如果在最近发生的公司丑闻中还能看到一丝希望的话，那就是道德教训势在必行。现在是时候公开承认，德商对高效领导力和组织持续发展具有贡献了。

在紧要关头做出道德决策时，虽然情商和德商共同发挥作用，但是两者是不同的。情商没有价值体系，德商却有。情绪技能可应用于善，也可应用于恶。而道德技能，顾名思义，只能用于善。

情商和德商尽管迥异，却相互合作。一方离开另一方都无法真正高效运转。在《原始领导力：了解情商的力量》一书中，戈尔曼与他的合著者理查德·博亚兹和安妮·麦基在谈到优秀领导者和低劣领导者是如何使用相同的情绪能力时，他们划分出了情商和德商之间的边界：

> 一旦娴熟老练的领导者令追随者与他们的情绪韵律合拍，那么我们将会面临令人不安的事实：纵观历史，那些煽动者和独裁者正是使用了这种能力才导致了可悲的结局。在希特勒和波尔布特们的世界里，集聚在一起的人们都有可能变成愤怒的暴民，周围散布着"感人"的——但具有破坏性的消息。共鸣和煽动之间的关键区别就在这里：
>
> 煽动者通过破坏性的情绪迷惑众人，压制了希望、乐观，以及真正的创新和创造性想象（与残忍狡猾相反）。相比之下，能产生共鸣的领导力，根植于一系列共享的建设性价值观（我们强调的），从而让情绪在积极的音区回响。它通过言语描绘未来的可能性，让人们信心倍增，营造一种共同的抱负。

如果没有道德的锚，领导者能够以一种极端破坏性的方式产生感召力和影响力。正如《原始领导力》一书所强调，真正的高效领导力是"根植于一系列共享的建设性价值观"。若缺乏这些价值观（德商），情商技能在促进高绩效方面最终是无效的。

德商，不仅对高效领导力至关重要，它也是人类的"核心智力"。为什么这样说呢？德商能指导其他智力去做有价值的事情，它给予我们生活的目的。如果没有德商，我们的确能做些事情、有所经历，然而它们缺乏意义。如果没有德商，我们不知道为什么我们做这些事，或者说我们的存在会使浩瀚的宇宙因此有什么变化。

一种可再生的资产。德商发展越成熟，你会发现自己会有更多积极的变化，不仅在工作中，还包括个人幸福。坚守你的道德指南，并不能消除生活中不可避免的冲突。比如，你是否有时不得不在自己的信念和工作环境之间做出妥协？是的！你会犯错误吗？你是否有时出于嫉妒或贪婪而说错话？绝对会！但是，坚持道德之路，将给你非凡的个人满足感和专业上的回报。

你的"道德定位系统"。套用汽车上安装全球定位系统（GPS）作为导航工具的说法，德商在某种程度上犹如人生的"道德定位系统"。你可能是一位出色的车手，你的汽车可能拥有强大的引擎和四轮驱动，但是当天色昏暗，你到了从没来过的森林入口，有位不知道街道名称的人给你指了方向，你看不到美国汽车协会提供的地图，你迷路了。尽管用上了所有的工具和资源，你也不知道自己前进的方向是否正确。但是，如果你的车配有全球定位系统，你想迷路都难。就像你的汽车拥有 GPS 一样，德商能帮助你更好地利用所有的资源、情商、技能和智商，从而在工作或生活中，去实现自己的重要目标。与汽车上的 GPS 不同的是，德商不是选装配置。对想充分发挥创造性潜力的个人，以及想赢得员工最大努力的企业领导来说，它是一个必需品。

德商与商业成功。虽然领导者们可能将公司的成功归因于道德原则的忠诚，但是他们的依据仅仅是个人经历。到目前为止，还没有专门针对德商对企业的影响的定量研究。但有许多客观迹象表明，德商对企业财务状况有至关重要的作用。衡量德商对经营成果影响的一个案例，来自阿默普莱斯金融公司，该公司实施了卓有成效的情绪能力培训计划。美国运通金融顾问公司把情绪能力定义为"一种将目标、行为和价值观协调一致的能力"。这个培训计划强调发展自我领导力和人际效能，同时，也证明了情商是如何引导企业和个人成功的。该项目的最终影响力令人印象深刻，实验组的销售额比没有接受培训的控制组高出18%——这对于一家管理并拥有超过2320亿美元资产的公司来说可不是一个小变化。该计划的核心是培养员工一些特殊技能，这些技能可以有助于他们发现自己的原则和价值观，然后根据内心深处的原则和价值观，创建目标和行动步骤。美国运通金融顾问公司的领导者意识到，这项计划卓有成效的大部分原因归功于压倒一切的道德框架，即对原则和价值观的强调。美国运通金融顾问公司从内部研究中发现，最成功的顾问往往是那些高度自信的、在恶劣环境下具有坚韧性格的人，最重要的是，他们根据强大的核心原则和价值观行事。为了与客户建立信任的伙伴关系，顾问们需要做到真正的值得信赖。顾问们必须使自己的行为与有意义的个人价值观保持一致，才能表现出值得信赖的一面。如果顾问们实践培训中只学到自我管理和社交技术，却未能遵循道德原则和价值观，那么他们无法做到持续的成功。

虽然美国运通金融顾问公司的数据显示，顾问个体的德商对财务业绩很重要，但是，其他企业发现当整个公司以德商著称时，才会取得最佳业绩。市场调研结果表明，消费者评判一个公司的声誉主要是基于其感知的价值观。一个公司的声誉直接成为感知的根本：最近一项由美国科恩大学和杜克大学联合开展的研究证明，消费者更喜欢向那些以道德操守闻名的公司购买产品。

美国芝加哥德保罗大学的研究结果增加了德商的商业案例。来自会计与管理信息系统学院的研究人员比较了两类企业的财务业绩，一类是获得《商业道德杂志》评选"最佳企业社会责任"称号的100家公司，一类是标准普尔500指数覆盖的其他公司。"最佳企业社会责任"的排名基于公司对七大利益群体服务的定量评估：股东、员工、客户、社会、环境、海外利益相关者以及妇女和少数族裔。研究发现，获得2001年"最佳企业社会责任"称号的公司，其整体财务业绩明显优于标准普尔500指数覆盖的其他公司。根据2001年《商业周刊》对整体行业财务业绩的评估，获"最佳企业社会责任"称号的公司的平均业绩，比标准普尔500指数覆盖的其他企业高出10个百分点。《战略金融杂志》报道了本次研究，"这撼动了亘古不变的观点——企业缺乏社会责任的形象会产生额外的成本，从而对公司财务业绩造成消极影响"。

德商与人才争夺战。大家都认同，无论哪种经济形态下，人才始终是一个企业的重要资产。公司最优秀的员工随时可能离职，如果他们不喜欢自己工作场所的伦理或道德主旨，完全可以选择另外能发挥他们专业知识和潜能的地方。北美安联人寿保险公司的首席营销官南希·琼斯认为，一旦就业市场从经济大衰退中复苏，那些不能以诚信和怜悯对待员工的公司将无法继续留住员工：

> 当今，工作环境不改善却期待员工永远奉献的状态是难以持续的。人们变得倦怠，开始寻找其他工作机会。领导者必须建立起经营目的和经营方式之间的平衡。否则，生产将受到影响，企业最终会失去人才。因为随着经济的复苏，公司会发现他们已经不能再持续给员工施加当初那么大的压力了。如今，人们愿意留在一家公司是因为他们当时没有更好的选择。但是当机会来了，大家为了拥有更具创造性的机会以及更多的收入等，便开始寻找更好的工作。此时，公司再尝试创建激励机制以挽留人才，为时已晚了。

现代调查公司总裁唐·麦弗逊强调了问题的范围，并指出："我们在2010年开展并发布的一项调查显示，在美国几乎所有行业，劳动力失业水平达到或接近历史最高，金融服务行业尤其突出。"

优秀员工的离职，有时是对整个组织缺乏德商氛围所做出的反应，有时，仅仅是因为他们的顶头上司或老板缺乏道德能力。几年前，我们认识的一位年轻人突然辞职，而这份工作在几个月之前还是他梦寐以求的。他热爱这份工作，热爱工作内容（将大型体育赛事的接待服务打包卖给大公司），但是他却不能忍受公司的道德氛围。在他开始这份工作的前几年，这家公司使用误导性的、不道德的伎俩让人们去买票观看一场大型高尔夫球赛事，结果与一家大型体育协会发生冲突，现在法院下令禁止这家公司用欺骗的手段让人们去买票。这家公司的解决方案是设计两套高尔夫赛事销售脚本。"官方"销售脚本储存在市场销售人员的手机里，可以给顺路造访的CEO看。市场销售人员使用的实际销售脚本，仍然是当初曾让公司陷入水深火热的误导手段。这位年轻人被要求在销售大型网球赛事门票中使用同样的误导性手段，这令他最终决定离开这家公司。

现在，不仅员工渴望一个具有德商的工作环境，初次求职者在决定去哪里工作时，也把未来同事的道德品格作为越来越重要的考虑因素。帕特里克·格拉佐是位于美国康涅狄克州哈特福德的制造商——美国联合技术公司（United Technologies Corp，简称UTC）的商务副总裁。据《华尔街日报》报道，在康涅狄格的哈特福德，越来越多的求职者申请UTC的职位，而吸引他们的一个重要因素是该公司遵循的道德纲领。自2005年以来，美国联合技术公司致力于创造激发员工最大潜能和增强业绩的道德氛围。今天，它拥有一个非同寻常健全无比的企业道德纲领，2010年，UTC荣获道德资源中心颁发的2010年度"道德领导力奖"。

德商与消费者。最近这次经济危机的大多数肇事者已经逃脱了法律诉讼。然而，他们却没能逃脱公众的道德谴责。金融服务行业由于道德无能而做出的不良行为，对其业务的影响是巨大的。据2009年调查显示，59%的投资者声称他们已经对金融市场失望；48%的投资者表示，他们现在基本不信任金融机构；而近一半的投资者已经对政府失去信任。想象一下，投资者的信心会长期影响金融服务公司的状况。如果投资者通常无法信任金融服务行业，那么，他们会向谁寻求财务建议呢？如果他们不放弃这个行业，很可能投资者会更加谨慎地考察他们的财务顾问，以确保他们的财务交给那些非常诚信的专业人员手中。对政府缺乏信任，是导致最近经济危机的另一个关键原因，也是影响2010年11月美国中期选举结果的一个主要因素。许多以前"安全"的在职政治人员，特别是民主党人，在反政府情绪的平民主义浪潮中被击败。选民们似乎对执政的民主党无法挽救居高不下的失业率感到极度不满。国会的共和党候选人首次帮助共和党重新获得了众议院的席位。

如果公众不信任你，那么无论你做什么，公众也不会支持你。各行业的领导者对他们的声誉不应该高枕无忧。去年，盖洛普进行每年一度的诚信和道德的民意测验，结果表明，只有12%的民众将现今商业高管的道德水平评定为高或非常高。

今天，消费者比以前更可能回避不道德的公司，他们会毫不犹豫地表达不满。超过70%的美国消费者通过不购买某公司的产品，或散布对某公司的负面评价，以在某种程度上惩罚他们认为不道德的公司。最近的一项研究表明，消费者惩罚公司不道德行为的次数，比褒奖该公司道德行为的次数要多。汽车制造商三菱公司感受了消费者惩罚的影响。该公司被曝出高层隐瞒多辆汽车缺陷的信息之后，日本销售额在2005年下降了40%。脸谱网（Facebook）、推特网（Twitter）等社交网站的快速兴起，使消费者能够更轻易地借助互联网，褒奖公司的道德行为，惩罚公司的不道德行为。

证据很明显，德商对企业持续成功起着重要作用。如果没有它，组织将面临毁灭性财务失败的风险。那么，它对你的个人领导力有效性有什么影响吗？如果你关注自身作为领导者的德商，并在你的组织内部促进德商的发展，你将赢得客户和供应商的信任，同时，赢得员工最大的努力。这是确保可持续性最佳表现的准则。也许，没有德商也能取得成功：企业会计败类和令人蒙羞的金融行业高管，在过去10年令我们深受其害，这证明了，尽管出现道德失误，你还是可以在一段时间内取得成功。但是，没有德商将不能获得持续性的长期成功。

显然，德商不是取得持续性商业绩效的唯一决定因素。你同样需要过硬的经营技能，人们要愿意购买你的产品或服务。如果更多的行业领导者在执行公司战略时，能够同时使用商业智慧和道德智慧，那么不难想象今天的金融服务行业和整体经济会将会是什么样。

德商不会完全使公司在动荡的经济业务中免于起起落落。但是从长远来看，领导者需要把它保留在企业中。所以，你需要努力使自己的领导能力超越普通层面，提升到一个更高的水平。

但是你要如何开始呢？德商究竟如何产生更好的商业绩效？你需要具体的哪些道德技能来激励你的员工发挥最大的潜力呢？公司——无论大小——该如何使用德商，以创造高绩效的工作环境？你将在随后的章节中找到这些问题的答案。

02

生而道德

领导者高效能的原因是什么？过去几年的事实证明，优秀的领导者往往不是那些让人崇拜的魅力型或者英雄式的人物。最新的研究结果发现，出色的领袖都是"安静型"的，他们谦虚、低调地做出了了不起的成就。这些常年执掌大公司的领军人物都有一个共同的特质——谦逊。他们洞察下属的需求来激发员工的潜能，最棒的领导考虑的是"我们"，而不是"我"。他们遵循道德指南——即使它看上去不诱人，他们在正确或错误之间、甚至两个不同的"正确"之间做出艰难的选择。伟人或优秀的领导都拥有很多共同的道德价值观。他们笃信诚信，对自己和他人负责。他们向同伴展现怜悯，知道如何宽恕别人，也知道如何宽恕自己，二者同样重要。

优秀的领导者相信什么

最高效的领导者持有一套共同的原则，并且持之以恒地将这些原则运用在日常的行为中。他们不会捏造价值观，他们认真倾听摆在我们所有人面前的道德观的召唤。商业领导者所遵循的一套原则是所有人类社会经过时间检验认为是"正确的"。这些基本的信念早已经融入人类社会中，并得到了广泛的认可。

我们对大型公司的高层领导者进行了广泛调研，证实了人类共享一些原则的观点。我们的调研结果与著名人类学家唐纳德·布朗所做的研究互相印证，他发现所有文化的道德准则都包括对责任心、互惠性以及共情的认同。

其他一些研究也证实了布朗的发现。不同文化中，行为的真实差异将使大家无法看清全人类共同拥有的——普遍的道德指南。下面来看看一个关于印度和美国儿童的对比研究。他们价值观的差异可想而知：印度儿童显得更加尊重长辈、接受传统，而美国儿童则更加看重个人的独立和自由。但是，他们的道德准则几乎是相同的。两组儿童都认为撒谎、欺骗或者偷窃是不道德的，同时，他们觉得照顾病人或者对不幸的人给予关怀是很重要的。

在另一项研究中，研究者理查·科尼尔、杰瑞·科尔斯，以及特瑞丝·多施瑞伯通过分析早期文献、研究世界各大宗教组织的正式教义，总结出了普遍原则的简短列表。他们的依据是，世界各大宗教组织宣扬的原则倾向于具有普遍性和持久性。他们发现下列原则是所有或大多数宗教组织信奉的，也是非宗教性组织所推崇的，包括美国无神论组织、公司组织、美国人道主义协会和联合国人权宣言：

- 承认有比自我更伟大的存在
- 自尊，但同时谦卑、自律，并且担当个人责任
- 尊重和关心他人（这是黄金法则）
- 关爱其他生命和环境

《高效能人士的七个习惯》一书作者史蒂芬·柯维向我们展示了普遍原则存在的更多依据。"从我与不同人士和文化相处的经验来说，"他谈到，"我觉得，如果在某些特定条件下，要求人们发展出一个价值体系时，他们所确定的价值观本质上都是相同的。每个文化可能有不同的表达方式，但是基本的道德意识通常是相同的。"

最后，著名的心理学家马丁·塞利格曼和他在积极心理学领域的同事，共同研究得出了世界上所有文化都公认的六个普遍美德：智慧、勇气、人道主义、公正、节制和超越。也许，在说法上有所不同，每一种文化对这些原则的表达也各有千秋，但是基本的道德意识始终是相同的。我们确信这些普遍原则的存在，即使我们知道它们没有得到普遍的应用。我们也相信，与这些原则保持一致地生活正是我们个人和组织得以生存和成功的关键。

能够激发员工潜力的优秀领导力并不是一种罕见的才能，当道德"硬件"根植于内心，配以合适的环境，我们可以成为出色的领导人。粗略地浏览文章标题你可能难以置信，但是，仔细读读内容，你就会很容易拥有共识。

参观育婴室

走进医院育婴室，你就像来到了另外一个世界。这里宽敞明亮、热闹非凡，居民们是一群刚出生一两天的婴儿，在这里，他们组成了一个让人惊叹不已的社会。在育婴室里，不是一个婴儿啼哭这么简单。只要有一个婴儿开始啼哭，其他婴儿便会纷纷啼哭起来。研究新生婴儿行为的心理学家把这种现象称为新生儿响应性啼哭。新生儿的哭声是对他人痛苦的反应。为何刚刚出生几个小时的婴儿就能对别人的痛苦进行回应呢？研究者至今也不知道答案，但是他们已经排除了其他的一些解释。新生儿听到录音带记录的他们自己的哭声时，他们似乎不会哭，这说明了噪声本身并不会惊动他们。许多心理学家认为，新生儿响应性啼哭是先天性共情能力的最初表现。要成为富有同情心、有道德的人，首先，我们要能够通过他人的眼睛去看世界（或者通过倾听他人的哭声来理解他们的世界！）。共情是关键的一步，婴儿从中明白了他人是独立的个体，有着各自不同的需要。仅仅理解他人有情感和生理需求，是与我们完全不同的个体，还不足以使我们成为一个有道德的人。我们仍然会像许多儿童（成人）那样，为了我们自己的快乐，把给他人造成痛苦进行合理化。

先天还是后天

对于先天还是后天该如何解释呢？仅仅装上道德"硬件"是不够的，我们还需要道德的"软件"，有了"软件"，"硬件"才能据此做出道德的选择。就像人类其他能力一样，道德是生理（先天本性）和经验（后天培养）的结合。以语言为例，你至少可以流利地说一门语言。然而，刚出生时你却一句话都不会说。你必须学习说话。我们都知道，讲话是通过逐步学习才能熟练起来的，正如孩子总是使用他们看护人的语言一样。但是，语言的获得需要与生俱来的说话和理解能力。道德发展也遵循着类似的路径，没有人能够教给我们孰对孰错，除非我们天生具备道德指南，并据此采取行动。但是，就像我们不能一出生就会背诵莎士比亚作品一样"，我们也不是天生就拥有一个完善的道德指南。需要时间和一系列正确经验的积累，才能使我们成为完全意义上有道德的人。美国加州大学洛杉矶分校著名的神经科学家和作家杰弗瑞·施瓦茨这样说道："当我们还是孩子的时候，他人便向我们灌输了整个社会的道德价值观。通过不断的关注，我们头脑中充满了这些观念。"

道德发展

让我们谈谈离开育婴室之后，道德发展的故事。新生儿响应性哭泣为共情向更成熟阶段的发展创造了条件，这种共情会在幼儿时期逐渐显现。我们在两到三个月时，开始对主要看护人的情感表达做出反应。我们和父母一起玩扮鬼脸的游戏，向彼此发出激动的叫喊。等到快五个月的时候，我们能区别他人不同的情绪表达方式。到了一岁，我们能够辨别面部表情、语音语调的变化所含有的特殊情感意义。然后，我们知道其他人有着和我们不一样的感受。如果你有一岁左右的孩子，你会发现他们会通过观察他人的反应来选择如何应对环境。家长们会充分利用这个习惯来防止儿童跌倒后的不安。如果孩子跌倒了，他将观察父母是怎反应的。如果父母保持平静，那么孩子很有可能也会表现得若无其事。在整个两周岁期间，共情能力的发展保持在一个高速水平上。15—18个月时，只要不是充满压力的环境，孩子愿意与他人分享、合作和给予关怀。想想看，16个月大的婴儿会轻拍安慰哭泣的人。到2周岁时，孩子已经成为富有同情心的人了。孩子会试着安慰悲伤的人。孩子向他们提供建议。孩子为正在哭泣的人递上纸巾。

学会负责

不仅仅共情得到了发展。在两周岁时，孩子开始对正义、责任和谴责有了一些理解。大家也许都见过，三至四岁的孩子对现实或想象中不公平现象做出的强烈反应："这不公平！"大多数人在幼年时就开始做一些捣蛋的事。做坏事是道德学习的重要部分。要不是我们偶尔做些坏事，我们怎么能理解正确和错误行为之间的不同呢。想想看，打从记事时你都做过哪些错事，那时你几岁？你都做了些什么？你又是怎么知道它是错的呢？大多数人都记得自己幼年时给父母制造了许多麻烦。父母用这些事件，教给了我们不同形式的黄金法则——你希望别人怎么待你，你也要怎么对待别人。多多考虑他人，不要拿别人的东西，要讲真话。我们不仅从做坏事挨骂当中学习道德，还从我们无条件被爱当中学习道德。我们先天具有共情特质，并且与父母发展爱的关系，这两者相互作用，我们的道德得到发展。因为父母爱我们，我们也爱他们，正因为我们爱他们，所以我们努力使他们高兴。最终，我们采纳了父母的价值观，因为我们渴望和他们一样。在整个学龄前期，我们的共情和道德意识都在发展。六七岁时，我们能够明辨是非，当做了不该做的事时，会感到内疚。

当事情变糟

我们倾向于认为，道德按照自然过程发展是理所当然的，直到我们看到一些例外。比如，如果一出生就有某些神经系统方面的问题，那么道德就不会发展。

如果照料者不愿意或者不能给我们提供正确的早期养育，道德发展也将偏离方向。做父母的可以不用非常完美，但是，在大部分的时间里，他们需要把孩子照料得"足够好"。他们需要一如既往表现出慈爱亲切和信任可靠。他们必须向我们展示如何与他人共情，同时，他们必须帮助我们发展对自己的积极信念。

如果我们的父母不能提供这种支持，那么在两岁时，我们的共情能力不会飞速发展，之后也难以成为具有道德胜任力的成年人。道德发展与语言发展又一次非常相似。如果你生命的前五年恰巧是由狼群抚养长大（少数人实际上已经如此），你将学会如何嚎叫，但你可能永远也学不会正常说话。如果在恰当的时间里，不能获得恰当经历的话，再多的语言天赋也没有用。

道德的脑机制

在上一节中，我们由外而内审视我们的道德发展。我们看到，道德发展类似于语言发展，取决于先天的生理基础和后天学习。我们看到，我们与父母的关系是道德理解发展的关键。但是，在神经系统尚未发育完全之前，我们无法习得积极的价值观和利他动机。

让我们再次回顾医院育婴室哭泣的婴儿，刚出生的婴儿共情反应发生得如此迅速，更像是遗传基因的作用，而不是后天的学习。想想这里涉及的生理学优先：我们在会爬和会说话之前，就能够共情地回应同伴了。毫无疑问，共情一定是重要的。在两岁时，我们学会共情；那些受到"足够好"养育的孩子自发地表现出助人行为。那么两岁时，大脑中究竟发生了什么变化？受到"足够好"养育的正常两岁儿童，他们大脑中恰好有一个健全的边缘系统——这是大脑参与情绪加工的一部分。但是如果我们没有得到足够好的抚养照料，我们的大脑无法正常发展。当一个孩子遭受虐待或者被忽视，其大脑皮层和皮层下区域将比正常大脑小20%至30%。此外，遭受虐待或被忽视的儿童不像正常儿童的大脑"路线"那么密集或复杂，因而他们缺少一些能够与他人建立有力联系的脑组织。没有与他人的联系，共情无法实现，没有共情，那么你将成为一个道德有缺陷的人。

02 生而道德

一切存在于大脑之中

研究脑功能和行为之间关联的科学家开始绘制大脑的道德解剖图。他们通过研究正常人和脑损伤的个体,得知大脑是如何影响道德行为的。脑损伤引起道德缺损的事件中,最著名的也许算是发生在150多年前那起案例。菲尼亚斯·盖吉(Phineas Gage)带领着一群铁路工人,铺设一条横跨美国弗蒙特州的新铁路。盖吉深受家人和朋友的喜爱,作为一个强健、聪明、能干的工人,他享有很高声望。然而,1848年的某个炎炎夏日,厄运降临。当大家正准备采用岩石爆破的方式开辟新的道路时,炸药提前爆炸了,一根13磅重的铁棍穿过盖吉的大脑前额叶皮层。不可思议的是,盖吉活了下来,他的活动功能大概完好——医生们这样认为。受伤后,他仍然神志清楚,能够说话和行走。在经历伤口周围的严重感染之后,他幸存了下来。两个月之后,医生们都认为盖吉已经痊愈。他看起来和以往没有什么不同,但是个性大变。他的家人和朋友很快意识到,原来那个他们所熟悉的盖吉消失了。他不能继续担当铁路工头,他变得越来越冲动、好斗、与人隔绝。1861年,严重的癫痫病发作之后,盖吉结束了他的生命。

盖吉的案例并没有告诉我们,是否他的价值体系因前额叶损伤而受损,或者是否他只是无法按照幸存下来的价值体系去行动。从实用角度来讲,无论出于何种原因,盖吉都不具有道德机能了。但是,道德智力(我们内部的道德指南)与道德能力(与我们知道是正确的保持一致的行动的能力)之间有巨大的区别。大多数人都知道何谓正确。然而,有时候,做我们知道是正确的事很艰难——当我们缺乏道德能力,无法与道德指南保持一致地采取行为。研究人员发现,我们的大脑对这两种能力也有区别。神经科学家对比研究了在婴儿期前额叶受损的两位成人和在成年期遭受过类似脑损伤的人,发现他们的复原力存在惊人的差异。其中一位病人是女性,15个月大时被汽车撞倒。虽然她的身体外伤得到康复,但是她的父母沮丧地发现,她到3岁都无法对言语指导,甚至体罚会产生反应。虽然她的智力正常,但她的破坏性行为日益增多,以致无法继续留在正规学校。青少年时，她扒窃、偷盗、撒谎。她对自己的行为没有半点懊悔，将自己的劣迹归咎于他人，看上去似乎没有共情能力。另外一个男性病人，在三个月大时做过脑肿瘤手术。他似乎完全从手术中恢复了过来，让父母宽慰的是他按正常进度学习行走和说话，身体发育正常。小学低年级时，他的学业似乎有些落后，9岁时，他的行为举止越来越引起人们的关注。他通常无心向学，少与同伴交往，缺乏正常的表达能力，尽管偶尔会发发脾气。他读完了中学，毕业后，行为日益恶化。他整天坐着看电视或听音乐，吃得过度肥胖，忽略个人卫生。他无法继续工作，犯下了许多轻微罪行。与第一个病人一样，他对自己的不良行为没感到丝毫的内疚或悔恨，似乎无法站在他人的角度思考。

这两例脑损伤的案例中，究竟什么造成了他们的行为问题？两个病人均来自中产阶级家庭，父母受过高等教育、彬彬有礼，所以我们可以假设，他们都受到了"足够好"的养育。神经学测试表明，这两位病人的基本心理能力均属正常。但是，当测试任务要求他们运用推理去指导社会性行为时，他们就遇到了麻烦。他们的道德能力严重受损。在进行道德推理任务时，他们只能从避免惩罚的角度思考道德处境，就像9岁前的儿童一样。他们没有任何基于黄金法则的道德推理能力，也没能够从共情的角度，思考什么是公平。

由于这两位病人在生命早期遭受脑损伤，所以他们道德能力的受影响程度比在之后遭遇脑损伤的人严重得多。成年后遭遇脑损伤的人，显示出不同程度的道德缺损。成年后遭遇脑损伤的人已经获得了道德推理能力，因为道德推理能力是正常儿童发展的一部分。在受伤之前，他们也许已经积累了在实际生活中运用道德判断的多年经验。我们假设一个道德推理场景，看看那些成年后大脑受损的病人将怎么反应。比如，必要时，是否可以偷窃药品以挽救他人生命？他们保证能告诉你什么是道德上正确的决定。然而，在现实生活中，他们似乎没能把这抽象的道德意识付诸实践。研究人员推测，大脑的情感区域与"善"的基本概念相互关联，成年后脑损伤病人无法做出道德决策或者说这种关联是断开的，哪怕个体仍持有道德规则的正确认识。前额叶损伤的幼小孩子显然永远没有机会学习道德规则，因为使道德推理得到发展的大脑区域受到了永久性的损坏。受伤时间的影响力是相当大的。成年后脑损伤的患者在社会和道德行为上存在一定的障碍，但是一般不会像婴儿期前额叶损伤的人那样表现出反社会或犯罪行为的特征。

大脑的道德地图

脑损伤的个案研究告诉我们，大脑哪些区域参与了道德推理和决策制定。但却没有告诉我们，当面临道德决策时，大脑的功能究竟是如何具体运作的。为了找到答案，科学家们使用了功能性磁共振成像技术（fMRI），研究正常个体的大脑（大学生是最常见的"正常"研究对象）。功能性磁共振成像与磁共振成像（MRI）的程序类似，能够诊断可能已患的伤势或疾病。正常的磁共振成像可以拍下人体组织切片的"快照"，而功能性磁共振成像使用了一种先进的检测装置，可以检测出大脑区域的血流变化。当大脑特定部分处在活跃状态，那么这部分区域的功能磁共振成像的影像就会"亮起来"。例如，当你处在功能性磁共振成像检测环境下，突然听到一声巨响，大脑中处理声音的部分区域就会显得更加活跃。功能性磁共振成像技术目前被用于绘制与德商相关的大脑区域图。例如，一项研究发现，让被试观看含有道德内容的图片（如肢体殴打、遗弃在街上的穷孩子、战争场面）能够明显地激活大脑某些区域，而观看其他类型的图片，包括那些具有强烈情绪内容的图片，这些区域却不能被激活。

为什么我们是善的？为什么我们是恶的？

很明显，我们注定具有道德。为什么这么说呢？虽然很多哲学家和心理学家认为，真正的道德情感是人类所独有的，但是人类学家有证据表明其他物种也有利他行为、公平和同情心。例如，鲸鱼可能会帮助族群里的伤病成员，或者松鼠可能冒着危险，向同伴发出附近有捕食者的警报信号。也许我们注定具有道德的原因，不是来自于我们作为人类的独特性，而是因为我们与其他物种如鲸鱼、松鼠或黑猩猩一样，都是社会性群居动物。作为社会性团体的成员，我们需要别人帮助得以生存和繁衍。大多数人都熟悉查尔斯·达尔文自然选择学说中"适者生存"的观点。达尔文认为，动植物身上那些帮助它们生存的生理特性，更容易得到复制——将它们有利于生存的基因遗传给后代。同样，在今天，利他行为和合作行为很可能依然是人类基本行为的一部分，因为它对早期人类祖先的生存至关重要。在原始社会，人们联合起来才能更好地掌握资源、击退野兽、获取食物。愿意合作和帮助他人的个体往往活得更长。他们更可能进行繁衍生育，从而把他们的特质加入到人类基因库里。举个例子，具有对无助的婴儿进行照料的倾向，对人类种族来说非常有利，这使我们免于灭绝。由于早期人类生活在相互关联的小群体中，在今天可以预见的是，我们也有照顾亲人的行为倾向。鉴于当代社会的复杂性，将合作倾向延展到直系亲属之外的基因可能更受遗传青睐。是什么指导了人类早期祖先的合作关系？不难看出，不管黄金规则是如何演变的，待人如己——仍然不失为是一个和谐共处、为共同利益而工作的实用原则。

那么哪里出了问题

如果遵循黄金法则真的已有亿万年的历史，我们又怎么解释那些罪恶昭彰的违法行为呢？我们可以尝试以正常人性的突变为由抹去犯罪和残暴。然而，大多数人都认识到我们本性的确有黑暗的一面。有时，自私占了上风，或者其他利益需要驱动我们时，我们不愿意或者自认为不能做那些我们知道是正确的事。哈佛商学院教授保罗·劳伦斯和尼廷·罗利亚认为，所有人都拥有进化而来的、旨在促进生存的四项基本驱力。我们的驱力有时会发生冲突。例如，由获得驱力所产生的竞争，往往与由结盟驱力所驱动的合作愿望相左。我们可以看到，小孩子有既想独自拥有新玩具、又想与朋友们一起分享的冲突。我们可以看到，公司高级管理人员的薪水是有些员工的100或1000倍，或者更多，而他们却在自己的员工面前用诚恳而让人信服的语气宣称："我们都是一样的。"在相互冲突的驱力斗争中，自私往往胜出。我们可能想遵循黄金法则，但在某些情况下，获得或防卫的驱力战胜了结盟的驱力。劳伦斯和罗利亚还指出，每一项驱力都有"黑暗面"。

哪怕结盟驱力,可以说它是人类道德的基础,也有黑暗的一面,它让我们开始定义什么是"内群体"或"外群体"。我们与"内群体"结盟。联合我们的群体,将"外群体"妖魔化,不过是简短的几步。早期人类通过不断扩展"内群体"的范围而蓬勃发展。当前,我们的生存依赖于不断扩展"内群体"直至包括地球上所有人。伴随全球化发展的必然趋势,一个国家的经济问题将会波及全球经济,更加需要清楚地意识到相互依存的重要性。来自核战争的放射性物质,或者艾滋病毒、H1N1病毒,它们的传播是不分文化或国界的。如何平衡相互冲突的驱力、管理人性中黑暗面,就是德商的本质。在彼此冲突的欲望中做出选择是道德的本质。没有选择就没有道德。在我们有时相互冲突的驱力之间做出选择,便需要道德决策。

道德决策的神经机制

大脑在相互冲突的驱力中做出选择,其运作机制是复杂的。为了理解我们是如何做出道德决策,或任何形式的决定,我们首先需要了解大脑是如何运作的。大脑分成三个主要部分(见图2.1)。

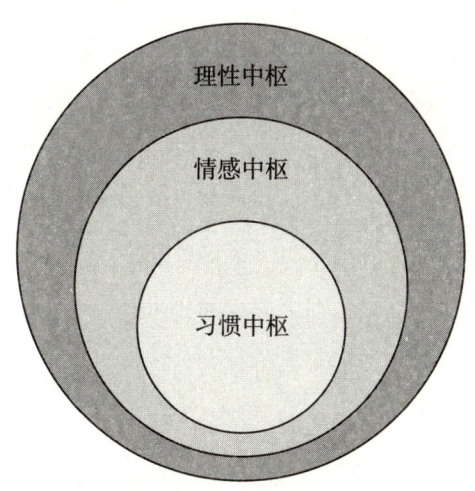

图2.1　简易的大脑模型

外层是大脑的理性中枢,处理复杂的认知过程,如客观思考和理性决策。大脑的理性中枢主要是由一个被称为大脑皮层的组织构成。大脑的中间层是情感中枢，处理情绪、动机和驱动力。大脑情感中枢的主要脑结构称为边缘系统。边缘系统里的杏仁核将外界刺激，如恐惧或兴奋转换成特定的情绪。大脑内层是习惯中枢，自动处理一切，不需要思维的参与。习惯中枢的主要脑解剖结构是基底神经节，它不仅包括习惯，也包括基本的身体机能，如呼吸、循环、运动和感觉。大脑的三个部分——理性中枢、情感中枢和习惯中枢——同时工作。它们之间由神经回路连接，也就是说，借助特殊化学物质的传递，在大脑不同部位之间来回传输信息。

这里有个例子说明大脑的三个中枢是如何连接的：假如你作为年轻管理人员，参加一个有高层管理人员出席的会议。在这次会议之前，你已和同事会过面（他们也是年轻的管理人员并且参加会议）。基于与同事之前的会面，你知道在本次会议中，将会提及一些敏感信息（出席会议的高层人员包括你的老板）。年轻管理人员中挑选了一个发言人向高层人员陈述信息。你知道，这些信息不会被高层管理人员接受，但对年轻的管理人员来说，非常值得分享。会议中，面对高级管理人员，年轻的管理人员发言人提出了一个敏感问题。你的老板大发雷霆，盯着你说，"你知道他们会提这种问题吗？"在激动的刹那，你脱口而出"不知道"。当你一气之下说出这句话时，你已经知道自己犯下错误。不仅自己说了谎，而且让你的同事更容易遭到高层管理人员的愤怒攻击，同时，你与同事的关系将会更加恶化。那么，为什么你会说谎呢？大脑的三个中枢之间的连接究竟是怎么回事？答案是：恐惧和焦虑的情绪如此强烈，以至于大脑做出有效道德决策最需要的理性中枢无法工作。这并不是说，你没有考虑，或者不理解什么是对、什么是错，而是你强烈的感情已影响到了你思维的质量。大脑的理性中枢接收的信息已经被情感中枢"隔离"了。由于你自身的恐惧，你做了道德上错误的事，并将你的同事推下水。道德判断上的失误，是由于某个事件引起的——你老板的愤怒这是一种情绪刺激。处在这种情绪高压环境下，我们的大脑会采取条件反射行为：不经过认真思考，自动地做些事情。所以，你败给了习惯：在这个案例中，这个习惯是说出了任何你要说的话，来转移别人的负面情绪。在突如其来的压力下，你尚未养成习惯做正确的事。

如果我们的情绪非常消极，它能激活大脑的避免损失或应激系统，这是一系列非常复杂的神经回路，无论何时，一旦感知到环境中存在的威胁或危险时，此系统便负责大脑这三个部分的沟通交流。如果情绪非常积极，它能激活大脑的奖赏系统，即一系列神经回路在大脑三个部分来回传递信息，并在环境中寻找我们想要的东西。当奖赏系统极度活跃（在非常积极的情绪下），它便关闭了应激系统。当应激系统被激活后，它便屏蔽了奖赏系统。对于我们的大脑而言，这里没有灰色地带：我们要么兴奋、追求奖赏，要么恐惧、努力逃避危险。也许你也有过这样的经验，对某些事情过度担心，以至于你无法享受那些正常情况下愉快的事情。这是因为在高度兴奋或焦虑的情境下，大脑的理性中枢便难以发挥作用。比如，在愤怒的老板质问你的这个例子中，焦虑和恐惧阻碍了你做理性决策，说出实话。

应激系统

应激系统是当我们感觉到生存受到威胁时，大脑中被激活的神经回路。神经学家目前尚未明确绘制出应激系统的大脑解剖图。然而，他们被认为应激系统在很大程度上与边缘系统的结构相关，包括觉察疼痛或厌恶的脑岛、处理情绪的杏仁核、处理长期记忆的海马。神经学家认为，下丘脑分泌的激素也是应激系统的一部分，这些激素将消息传送到其他系统，包括内分泌系统。一旦我们的应激系统被激活，整个身体都将参与其中。肾上腺会产生两种化学物质：皮质醇（通常称为应激激素）和肾上腺素（AKA 肾上腺素），这两种激素进入血液中，身体开始准备战斗或逃离正在面临的危险。通过增加血压和血糖，皮质醇使我们有足够能量应对身体的威胁。肾上腺素时刻准备在紧急情况下采取行动，它能给大脑和肌肉增强氧气和葡萄糖的供应，同时抑制身体非紧急性系统进程。你的应激系统运转的一些征兆包括颤抖、出汗、呼吸急促或恐慌不安。但是，如果你没有觉察到这些情况，并不意味着你的应激系统不活跃。当你的大脑应激系统运转时，恐惧或焦虑的情绪可能阻碍你做出正确的事，因为你的决策能力已经受损。有效的道德决策几乎无一例外涉及为他人利益服务，而不是个人利益最大化。但是，当应激系统掌控一切，"适者生存"的意识非常活跃，你不自觉地按照情绪和已有习惯做出决定——而不是理性大脑应该选择做的，即按照对你或者同事的最佳长远利益或者共同利益采取行动。

奖赏系统

奖赏系统是指一系列的大脑回路，它可以帮助我们识别和获取想要的东西。它由一簇簇位于中脑的神经元组成，在整个前额叶皮层传递反射，以影响大脑的理性加工能力。奖赏系统中神经元之间的沟通主要依靠释放的化学物质，称之为多巴胺。当看到一些潜在的令人向往的事物（巧克力、有魅力的人或一份高薪工作），我们的奖赏系统就将启动，激励我们去争取那些已经引起我们关注的事物。有趣的是，多巴胺通过让我们感觉良好，激发我们去追寻自己想要的东西。这就是为什么多巴胺通常被称为让人快乐的化学物质。正是由于多巴胺，当我们预计快要得到自己想要的东西时，我们就会感觉良好；当我们得到我们想要的东西时，我们也会感觉良好。和应激系统一样，当奖励系统运行时，自动反应机制接管工作，此时理性决策已经不再起作用。

更糟的是，我们并不知道奖励系统和应激系统哪个正在操纵大脑。精神科医生和脑神经学专家理查·彼得森博士解释道，"当奖赏系统启动时，应激系统被禁用，而当应激系统启动时，奖赏系统被禁用"。这意味着，我们可能不自觉地受情绪控制，做出自欺欺人的道德决策——实际上我们所做的只是简单地避免人身危险或追求即刻的满足。

我们真的能改变大脑吗？

鉴于我们先天大脑固有的反应方式，那么，在危险逼近或激动人心的时刻，我们怎样才能做出明智的道德决策？针对生活和管理中所面临的道德挑战，我们可以改变大脑的反应方式。大脑有一种惊人的能力，它可以创造新的反应模式和新的习惯。而正是这种能力改变着我们的大脑，使我们不辜负先天的德商。我们倾向于成为一个有道德的人。但是，这需要持续地实践道德行为。比如，小提琴演奏家的音乐天赋是与生俱来，正如我们也有道德的"天赋"一样。但是，如果想成为小提琴家，却疏于练习，那他将永远无法发挥潜力并成为世界顶级小提琴家。如果不实践道德决策，我们也将永远无法发挥我们的潜力，成为一位有同情心、负责、有宽恕心、值得信赖的人类社会成员。我们将无法发挥潜力，成为鼓舞人心的商业和组织领导者。

幸运的是，最新神经科学研究已经发现，大脑是"可塑的"。正如杰弗瑞·施瓦茨在他撰写的《心灵和大脑：神经的可塑性和心灵的力量》一书中解释的那样，神经可塑性意味着我们可以改变大脑。我们可以创建新的行为习惯，因此，当面临挑战性的道德选择时，我们可以做出反应，不仅使自己的利益最大化，而且也使家庭、朋友以及员工的利益最大化。通过实践，我们可以逐渐控制那些在道德高压情境下的典型反应，并创建有道德能力的新的反应模式，让大脑的逻辑部分参与其中。改变大脑反应模式的第一步是，让我们的行为与我们希望在道德决策中反映出来的原则和价值观保持一致。

道德软件

现在，你应该感觉到有足够多令人信服的证据证明，道德是与生俱来的。前面已经用过比喻，把先天的道德素质比作"道德硬件"。从来到这个世界的那一刻起，我们已经具备了基本的技能，如共情，它是德商的根基所在。两岁之前，我们似乎会很自然地去可怜那些正处在痛苦中的人们。四五岁时，我们能够很好地了解到父母和照顾我们的人想法的对错。道德硬件已经预先装好，且在线升级的速度快得出奇。但我们也都知道，大脑的生理学动力系统可能会受我们能力局限，难以做出明智的道德选择。在原始大脑基础上，发展出道德技能，需要两个主要成分。首先，我们需要以我们的"道德软件"为基础，即那些道德原则和能力，这引导我们像有道德的领导者和有原则的人一样做出行动和决策。其次，我们需要一个程序使得原始脑机制变得中立，它能使得所做的决定与我们一贯持有的基本道德原则相一致。第三章至第七章将聚焦于我们的"道德软件"和道德能力，"道德软件"即道德指南的内容，是道德决策基础，而道德能力能使得道德原则存活下来。第八章"情绪"突出强调了情商与德商共同发挥作用，帮助我们保持行为与原则及价值观相一致。第九章"道德决策"勾画出一个简单而有力的步骤（4R法则），成功的领导者会运用该法则，激活最优道德决策所需的大脑中逻辑部分。在书中，你将看到领导者忠诚于道德原则，并愿意努力发展他们的道德能力，这就是他们的组织获得持久成功的原因。

03

你的道德指南

如前所述，几乎我们所有人都有道德"天赋"，但仅仅有天赋是远远不够的。想想美国职业大联盟棒球队，每年在新秀身上花费重金，并把他们送到棒球分会，用好几年的时间来训练他们的技能。专业的棒球手具有棒球智力，但他们必须刻苦训练，才能把棒球智力转化为在场上的棒球技能。因此，球员们需要不断地练习各种技能，如击球或投球，以及非技术的能力，比如策略、判断和稳定情绪。为什么他们如此努力？因为他们想要达到自己的目标和愿望。也许他们想赢，或者渴望金钱，或者被人奉承，或者他们喜欢这项运动。成功的棒球手都知道，要得到想要的就需要做任何有助于达到目标的事情。换句话说，最好的棒球手需要确保自己的天赋、技能及行动与目标保持一致。

要达到个人目标还需要各方面协调一致。当我们决定开始每天的训练计划，却从来没有在跑步机上跑一步，这会使得我们感到不安，因为自己的行动不符合已有的目标。如果想要去度假便预订了航班，我们会感觉很好，因为我们正在做的事情，就是为了达到目标。同样，大多数人想成为有道德的人，因为我们渴望体验我们的道德价值观、我们的目标和我们的行动之间的一致感。我们把道德一致性的状态称为：协调一致地生活。

基于价值观做出重要和令人满意的决定，并且使这些决定与价值观保持一致，这并不是件容易的事。这里有许多障碍：情绪（如恐惧或兴奋）、心理偏见（如对自己的领导智慧过度自信），以及一个为了捕获目标物的大脑结构（而非为了在今天复杂的组织中，每天像坐过山车一样不断面临生活和领导力的各种挑战）。

在下面的章节中，你将学习到一些技能，以应对做出道德决策时面临的障碍。但首先，你需要了解什么是协调一致地生活，因为这是成为一个真正领导的基础。

想想以下三个框架如何相互联系，以达到协调一致地生活，如图3.1所示。

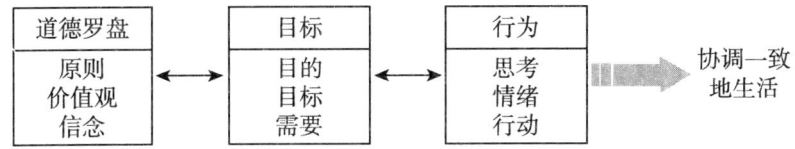

图3.1 协调一致地生活

第一个框架是道德指南——包括基本的道德原则，个人价值观和信念。第二个框架是目标，目标的范围上至崇高的目标（你的人生目的），下至普通的目标（买新房子）。第三个框架是行为，包括思想、情绪和行动。协调一致地生活，就意味着你的行为与目标是一致的，你的目标与道德指南也是一致的。协调一致地生活使你沿着人生的目标前进，并在所有人生角色中发挥你最大的才能。

Ovations公司（联合健康集团的一家子公司）负责分销的高级副总裁马克·菲利浦斯，发现协调一致地生活可能很困难，尤其当你逆着普遍商业潮流运作时。当他担任施瓦布银行负责销售的高级副总裁时，他经常不得不拒绝一些施瓦布银行的竞争对手急于抢接的业务：

> 我在一线，遇到层层上报给我的问题，有时我不得不说，"我们不做这种业务，因为它对客户和我们来说，都是错误的"。我们聚焦在做正确的事情上，所以不得不拒绝一些我们知道别人会去做的业务。有人来找我们放贷，但没有任何方式来证明他们有能力还款，我们会说，"我们不能给你放

贷"。这是一个艰难的交谈，但我们做到了。我们拒绝了他们，其中有些人会说，他们将撤销在我们银行的其他业务，有些人的确这么做了。这些让我们业务员非常不安。但我在2006年时已经发现有些问题即将到来。18个月后，金融危机爆发。有些公司在此之前不惜一切代价放贷。现在我们知道他们面临着什么了。

尽管要做到协调一致地生活是个挑战，但聪明的领导者已经意识到，做到行动与价值观始终保持一致，最终将得到回报。斯宾塞·西格尔是Actifi公司的首席执行官，这家公司专门设计创新的软件来支持金融服务业。正如斯宾塞所说，协调一致地生活是帮助他的公司抵挡2008年金融危机的关键。

我切实很好地运用了协调一致的模式，对我的员工以诚相待。正因为如此，我们没有失去任何人。高级管理团队和我首当其冲受到了财务问题的影响。2007年是有史以来业务最好的一年，但随后2008年的收入急剧下降。2009年公司收入略有改善，成本控制得更好，2010年我们缓过来了。价值观和目标协调是协调一致地生活的核心，它帮我们渡过了难关。经历风雨后，我们更知道我们应该坚持什么。

协调一致地生活不仅仅是一种领导方法，也是一种生活方式。新泽西州数学教授瑞奇·巴斯蒂安博士非常热衷于向下一代传授所需的技能，以帮助美国在工程和科学领域保持竞争力。瑞奇也将很多精力投入家庭之中，他特意住在女儿和三个外孙家附近。在接受了当地一所大学的教职后，他努力安排日程，以确保他的行动与工作生活两方面热情协调一致。他每周有四天时间上课，并与学生会面。每周五，他和三个外孙之一待在一起。瑞奇轮流安排孩子们的日程，使每个外孙每月至少一次能和外公享受优质时间。此外，瑞奇和爱侣路易斯每周为孩子们以及孩子们的妈妈——瑞奇的女儿杰西卡和孩子们的爸爸——女婿埃里克一起顿吃饭。

做到协调一致地生活有时会很困难，但它并不需要超人的行为。我们每天一步步地做我们需要做的事，以达到我们的目标。我的一个同事，以前总是避免在许多观众前演讲，更愿意一对一或与小团体一起工作。最后，他意识到，如果仅仅把自己局限于小群体中，他无法有效地将他的价值观和信仰传达给他人。于是，他加入了国际演讲会，这个世界性的组织可以帮助人们培养公众演讲能力。我的朋友渴望对世界产生积极影响，这使他克服了在大批观众面前说话的焦虑。

协调一致地生活也并非偶然出现。它需要做事情有目的性，为了达到目的而做。协调一致地生活，有两个过程：首先，你要在理解三个框架内涵的基础上，建立个人协调一致的模式。

- **道德指南**——你的价值观和最重要的信念是什么？
- **目标**——你要完成的个人和职业目标是什么？
- **行为**——采取什么行动可以实现你的目标？

然后，在建立好协调一致模式，并知晓每个框架的内涵之后，你要自觉始终如一地按照框架来工作——很简单，但正如你可能已经怀疑的，这远非看上那么容易。

框架1：道德指南

> 道德指南：
> 原则
> **价值观**
> 信念

这个框架包括核心道德原则和价值观，它是个体希望成为有成就和自我实现人类的基础。原则和价值观有重叠之处。两者的主要区别是，原则通常是普遍性的，世界各地的人们都认同它们的重要性。正如第2章"道德是天生的"提到的，这些基本信念已经深深植根于人类社会，以至于它们获得广泛认可，被认为是普遍的。全世界共有的、对高效领导力尤其重要的四项基本原则分别是：

- 诚信
- 负责
- 怜悯
- 宽恕

成功的领导者，无论他是怎样的风格或个性，似乎都遵循相同的节奏，这并不是巧合。他们会仔细聆听摆在所有人面前的道德观念的召唤。为了写这本书我们调查或访问过的领导者，无一不证明这些原则的重要性。当他们遵循原则，做出协调一致的行为时，他们就能最有效地工作。当领导者忽略了这些原则，公司业务就会蒙受损失。诚信和负责是高效领导力所需的最低的根本要求。琳·索塔格是曼顿公司的总裁，曼顿公司为美国国内各地公司的高潜力领导新秀提供辅导项目。琳指出，"那些不提升自我、不做正确事情的领导者将会落后，因为在新技术、社会网络和商业网络如此发达的当今世界，任何事情都没有藏身之地"。怜悯和宽恕同样重要，它们是一个好的领导者和一个伟大的领导者之间的区别。下面这个例子说明了怜悯的商业价值。唐·弗劳德是阿默普莱斯金融公司人顾问集团的总裁，他讲述了这样一个故事：

一年前，我了解到公司一位新进顾问无法跟上工作要求。当我和这位顾问交谈后，我了解到他承担的家庭责任，由于最近父亲过世，使他无法有足够的时间投入工作。他的领导认为应该按有关规定对每位顾问一视同仁，无论他们的处境如何。我告诉他的领导，"如果事事都按规定，那么我们只需雇用机器人。我需要你展示出一定的领导判断力，这才是我雇你的原因"。我一直相信，如果员工不成功，那是领导者的失败。在这个事件中，领导者为这位顾问破例，这个判断决策获得了回报。现在，这位顾问仍然在我们公司，并且非常成功，他能满足工作中的所有要求。

价值观

价值观与原则不同之处在于，价值观包括更多对个人而言什么是重要的个人信念。价值观通常与原则相符，价值观让我们在原则的内涵上盖上了个人的印章。举例来说，负责是一项重要的原则，但价值观帮助我们选择个体如何表达负责。我们可能把能力、挑战或创造力作为价值观。在任何一种情况下，我们能使生活的选择与这些价值观、与负责原则保持一致。我能通过运用我的能力，或通过迎接挑战，或者通过寻求创造性解决方案，来满足工作或家庭需求并承担起责任吗？

我们在成长过程中，逐渐习得一系列价值观，这些价值观是父母、照料者或者他人认为重要的品质和标准。随着时间推移，我们采用了这些价值观作为自己行为的指南。不同家庭对某些价值的重视程度是不一样的。家庭经常重视某些价值观，如乐于助人、创造性、知识、财产保障或财富积累。小时候，我们通常吸纳自己家庭的价值观。当长大成人之后，我们经常加入一些我们自己的价值观。通过对价值观的选择、整合并优先排序，我们定义了我们是谁——至少我们想要成为什么样的人。正如我们通过体貌特征（如头发颜色、身高、或者笑的方式）来认识他人，我们可以通过他们所展示的价值观来认识一个人。当我们结识新朋友或同事时，我们会慢慢了解到对他们而言什么是最重要的。他们是否喜欢刺激、关爱环境或者追求地位？我们评价他人是基于别人多大程度上与自己的价值观契合为准则的。你可能会认为把个人时间用于创造性的工作，要比用于社会活动更有价值，而我却可能认为，社会关系和家庭时间比专业认可更有意义。和与我们重要的价值观相同的人在一起时，我们会感觉舒服，而我们通常会避开那些志不同道不合的人。例如，如果你很看重忠诚，那么你可能不会喜欢与自私的人在一起工作。

发现你的价值观

你拥有一系列怎样的价值观？你希望别人怎么看待你？成功的领导者始终做

出与价值观相一致的决定,这绝非偶然。为了让行为与价值观保持一致,我们必须深刻地理解它们到底是什么。

试试这个:在接下来的 30 秒内,大声说出你认为最重要的五个价值观。如果你像大多数人一样:你可能会吞吞吐吐,或苦苦思考。"嗯……家庭……财产保障。嗯……",我们往往无法脱口而出自己的价值观。找出我们的价值观蛮难的,大多数澄清价值观的练习是提供一份通常价值观的"小抄"。史蒂夫·培维拉是著名的个人成长博客写手,在他的个人网页上提供了一份 374 项价值观的列表。本书作者道格的公司莱尼克 & 阿伯曼集团,研发了一套价值观卡片,类似于交易卡,每一张都有价值观的名称及相应解释。接下来的练习是根据莱尼克 & 阿伯曼集团的价值观卡片设计的,旨在帮助你更加清楚地意识到自己的价值观。

练习 你最重要的五项价值观是什么?

浏览以下清单,并选出你认为最重要的五项价值观。如果你认为自己的重要价值观没在表中列举出来,请填写在下面的空白处。不要匆匆结束这项练习,请花些时间,仔细思考什么对你最重要。

□冒险	□自主	□挑战	□变化
□社区	□能力	□竞争	□合作
□创新	□果断	□多样性	□环境
□教育	□伦理	□卓越	□刺激
□公平	□声誉	□家庭	□弹性
□自由	□友谊	□幸福	□健康
□助人	□诚实	□独立	□诚信
□领导	□忠诚	□有意义的工作	□金钱
□秩序	□慈善	□玩乐	□愉悦
□权力	□隐私	□认可	□关系
□宗教	□安全	□保障	□服务
□灵性	□地位	□财富	□工作
□其他	□其他	□其他	□其他

价值观的道德规范

正如上面的例子,并非所有价值观都是一样的。如果没有特定的情景,价值观无所谓道德或不道德。只有当我们需要做出决策并产生道德结果时,价值观才会有道德意义。最近的经济危机发生后,价值观偏差的案例数不胜数。例如,当美国许多银行及其他金融服务公司的头头们在2009年接受联邦政府的不良资产救助(TARP)资金,却拒绝注入现金以放贷给负责任的企业和合格个体,他们在想什么呢?

当作出任何没有特定道德意义的决定时,如决定去哪里度假,我们可以毫不犹豫地放纵自己冒险的欲望。但是当我们所作决定涉及他人时,如考虑可能影响到家庭成员的职业变动,我们个人优先价值观必须符合普遍性原则。在这个例子中,我们必须尊重负责的原则。我们可能会认识到,冒险、成长或更多金钱的欲望是以牺牲家庭责任为代价的。

你的决定反映你的价值观

有时,我们并不看重自己的所说所做。如果有一段时间,你发现自己的行为与信奉的价值观不一致时,你有一个选择。你可以通过提升道德和情绪能力,学习到如何更好地使你的行为与价值观保持一致,或者你只需承认自己其实很重视某些价值观,只是没有意识到而已。只要你的行动不违反普遍性原则,无论采取哪种途径都是可行的。

这个练习让你对个人动机有所洞察,而以往你可能不承认存在这些动机。想想,别人可能将你的决定归因于价值观,是否可能真的对你的选择产生一定影响。

发现价值冲突

在确定价值观之后,你可以从理想和实际的角度来看看这个价值观列表,并与普遍原则进行比较。为了确保你的价值观符合原则,思考以下问题:

你的决定反映你的价值观

为了找出你的哪些外在行为反映你的价值观,请记录几周来你所有的决定,并写成日志。针对每个决定:

- 写下影响你决定的价值观。
- 问问自己,"如果不了解我内心动机的人看到了所作决定的结果,他们会认为这项决定反映了哪个或者哪些价值观?"

决定和价值观日志实例

问题与决定	哪些价值观促进了你的决定	在他人眼里,哪些价值观可能促进了你的决定
例如:部门财务赤字导致裁掉三个新员工	有责任通过稳定部门以保留大部分人的工作岗位 忠于老员工	权力——你被看成一个掌权的领导者 财务收益——为了公司、为了管理者的奖金
例如:一位忠诚服务于公司多年,但能力饱受争议的资深员工,被晋升到一个新的岗位上	有责任去嘉奖和提拔忠于组织的人 怜悯	友谊——在晋升中,友谊要比优点显得更为重要 秩序——使晋升更加可预测

- 我想得到经济回报的愿望是如此强烈,以至于似乎为了正当目的可以不择手段吗?
- 我对高成就的欲望,使我对因家庭危机导致无法在重要时刻工作的员工缺乏怜悯吗?
- 我对自身经济保障的需要,使我不敢正直地说出企业的不道德行为吗?

如果你接受普遍性原则的重要性,那么作为具有德商的领导者,你必须重新排列你的价值观先后顺序,以符合普遍性原则。这并不是说,你不应该重视你已有的价值观。在某些情况下,很重要的是要找到一种方式既能履行你的价值观,又能坚持原则。当你在寻找以下问题答案时,你可以同时履行原则和个人价值观,例如:"如果因为捍卫道德原则而被炒鱿鱼,那么我该如何安顿自己的经济事务获得保障?"或者"当雇员休假时,我怎样才能创造性地分配资源,以维持或提高部门生产力？"

到现在，很明确的是，价值观能以消极的、中立的或积极的道德方式应用于实际。比如权力，对许多领导者来说是一个重要的价值观，然而许多领导者往往不愿意承认权力是他们的动力。这是因为对权力的渴望经常导致坏的名声。权力可能是诱人的、令人陶醉的，或者可能会导致滥用。当权力被滥用时，个人和组织将会蒙受损失。但是与大多数价值观相似，权力可用于好的目的，也可用于不正当的意图。当权力被用于普遍性原则的促进，权力会成为组织成功和全球进步的一股巨大力量，就像已故的罗伯特·肯尼迪所述：

> 权力的问题，应该是如何实现负责任地运用，而并非不负责地运用或者滥用——如何使权力之士为人民服务，而不是脱离大众。

信 念

信念是我们指导系统的第三个组成部分。对我们每个人来说，我们的信念是个人世界观的"执行概要"。信念代表了我们对什么是重要的的自我理解，代表了我们如何看待自己与外部世界联系。信念是我们道德指南的浓缩版。信念，提取了原则和价值观的纲要，以一种更容易沟通交流精简的方式呈现。信念是一种语言，可以用来向自己和别人描述我们的价值观和对原则的理解。信念将我们对原则的理解和价值观选择联系起来。你无法真正了解自己的价值观，除非你将所相信的陈述出来。

明确你的信念。你也许拥有10000条关于你自己、你的世界、人类本性的信念。但大多数人都有一个相对简短的信念清单，作为自己的"信条"——当碰到困难时，使用这些信念来指导自己的决策。大多数信念在大部分时间内甚至可能只在潜意识层面上运作，但是稍微想想，大多数人都能把这些信念提到意识层面。你的信念是什么呢？你可以做以下的练习，反思你的十大信念。

03 你的道德指南

> **练习　我的十大信念**
>
> 花几分钟，在这里写下你的十大信念。记住，尽量关注那些关于你自己、你的世界、人类本性的信念。
>
> 1. _____
> 2. _____
> 3. _____
> 4. _____
> 5. _____
> 6. _____
> 7. _____
> 8. _____
> 9. _____
> 10. _____

现在，你已经能够明确自己道德指南中的关键要素。你已经选择你支持的普遍性原则，你已经阐明了你的价值观，你已经总结了你的信念。理解你的道德指南是有效决策的关键。协调一致地生活意味着，让自己承担起责任，作出与道德指南保持一致的决策。但是在你采取行动之前，你需要了解自己的目标和需要。

框架2：目标

研究行为的科学家们告诉我们，人类天生有弄清生活真相的需要。人们通过不断发展理论来解释行为背后的原因。人类还想更深入了解生活的意义。日常生活事件如何形成一个连贯的整体？我们做这些事情有什么意义？如果开始回答这些问题，就意味着你已经开始探索最高目标——我们的人生目的。不是每个人发展都能追随人生目的。那些有严重脑损伤或被忽视或虐待的人群，可能缺乏

目标：
目的
目标
需要

能力去定义有意义的目的。但大多数人都渴望寻找我们生活的意义，所以我们创设了目标。每个人的人生目的都是独具特色的，但每个人的人生目的必须同普遍性价值观、怜悯和宽恕相一致。艾伯特·史怀哲曾经说过，"我不知道你的命运会是什么，但有一点我知道，在你们中间，只有那些寻求和发现如何服务他人的人才能获得真正的快乐"。奥普拉·温弗瑞在美国开创了一个最富有的娱乐帝国，她谈及人生目的时说："我相信，我们中每个人都有自己的使命，就像指纹那样独特——获得成功最好的办法是发现你的所爱，然后找到一种方法向他人提供某些形式的服务，努力工作，让宇宙的能量指引你。"也许你早就知道你的人生目的。但是很多人对此只有些模糊的意识。发现你的人生目的通常需要一段时间反思。澄清人生目的的最佳资源之一来自阅读理查德·莱德写的《重新打包你的行李：为你的余生减负》。通过以下的目的练习，能帮助你更深入理解人生的目的。

练习 我的人生目的是什么？

利用一些时间来安静思考下列问题。回答这些问题，可以帮助你认清，你所希望你的生活达到更高层次的意义和方向。你可能会发现，与家庭成员或者朋友讨论你对这些问题的反应是非常有益的。与那些最亲近的人分享你的想法，能够给予你更多的信心，去做你真正想付出一生的事业。

1．我的才华是什么？
2．我对什么充满热情？
3．我对什么着迷？做什么样的白日梦？
4．我希望有更多的时间把精力投入哪里？
5．我需要做什么，能够发挥我的才华，对这个世界产生影响？
6．我最希望把自己的才华投入到哪个领域里？
7．怎样的环境和背景会让我觉得最自然？
8．在何种工作和生活环境下，我最能自如地施展自己的才能？

03 你的道德指南

设定目的导向的目标

对每个人来说，目的是我们在一生中想成就的主要事情。目标是更具体的东西，我们借此实现目的。目标与生活目的越协调，我们作为一个人或者作为一个领导者就越高效。确定你的人生目标的一个简单而有效的方法，是使用罗伊·格尔开发 Widdy Wiffy 过程，对此，他和道格·莱尼克在《如何得到你想要的，并保持真正的自我》一书中进行了详细说明。Widdy Wiffy 是 WDYWFY 的发音拼写，WDYWFY 代表着"你自己想要什么？"（即 What Do You Want for Yourself？）这个称呼意味着：得到我们想得到的是件好事。我们的目的可以是自私的，又可以是符合道德的。如果我们想要遵循我们的道德指南（原则、价值观和信念），那么，得到自己想要的是一个正当的自私过程。

WDYWFY 过程涉及了深刻而简单的五个步骤：

- 确定一个目标（并写下来）
- 确定一个计划（并写下来）
- 实施计划
- 控制方向（记录得分和进行必要的重新定向）
- 摆脱气馁（遭遇挫折时坚持到底）

拥有具体目标的重要性在于，能确保我们实际做的能产生出行动的意义。如果没有目标，实现人生目的只能是概率。设定周全的目标，使我们能够与道德罗盘协调一致，从而实现我们自己的愿望。

目标框架不仅仅在道德框架内能满足个人的愿望，而且关注目标也能增加真正实现愿望的可能性。如果你不按照你的目标框架努力，那么实现目标就有很大的随机性。职业专家大卫·坎贝尔写过一本有名的著作《如果你不知道去向何方，你也许将在某处停下》。显然，头脑中只有一套目标是不够的。为了达到你所写下的目标和计划，你需要提高自己的能力，以实现它们。为什么写下目标有如此积极的作用呢？最基本的原因是，我们经常会健忘。写下的过程能帮助大脑保留和回忆想要完成的事。写下来目标时，我们便有机会仔细反思我们真正想要的，并且考虑达到目标的最佳方法。一旦我们记下目标，我们可以利用这个清单来提醒自己是否沿着轨道前进。写目标的过程，能使我们忠于承诺，增强责任心。众所周知，聪明智慧的人从来不会辜负他们自己的潜能。设定目标可以帮助你利用德商的力量，对你的组织和全世界产生积极影响。

为什么领导者喜欢目标

每一位高效的领导者都有清晰明确的目标。目标是高效领导的关键，因为它推动个体对具体的行动有长远的意识和良好的意图。高效领导者通过"记录"他们的目标，承担为作出选择所负担的责任。高效领导者的目标是他们自己真正在乎的。他们还鼓励下属发展让个人满意的目标。对于一位优秀的领导者来说，最强有力的激励工具之一是关心与你一起工作的人的需求和目标。因为极少数的老板会对员工的目标表示真诚的兴趣，愿意花时间帮助员工规划如何达到目标，所以，一旦你做到了员工将以忠诚和承诺回应他们。

Actifi 公司的斯宾塞·西格尔正是这样的领导者。"我非常认真地看待WDYWFY（你自己想要什么？），也确实知道我的员工想要什么。我使用协调一致的模式，去了解他们的价值观和目标。金钱对我的员工来说，一直都不是最重要的，最重要的是有意义的工作和对周围产生的影响。"斯宾塞关注员工的目标，对于增强公司渡过经济衰退时期的能力起了很大作用。在经济低迷时期，虽然 Actifi 公司进行重组并延迟发放员工薪酬，但是并没有解除任何员工，现在公司已经表现出比以往发展更加壮大的趋势。

你的目标

你自己究竟想要什么？你的目标是什么？我们大多数的人都想扮演好生活中

的角色。大多数家长都希望自己是好家长,甚至糟糕的家长也希望自己是好家长。只有极少数人对自己的表现漠不关心。你们当中有多少人,希望能成为一个令人引以为豪的家庭的一分子?你们当中有多少人,希望能成为一个令人引以为豪的组织的一分子?为了实现这些目标,你必须做什么?

写下来

无论你发展新的目标或者强化长期目标,写下你的目标可以使它们变得更加真实。记住,目标分为两类。有些目标是一种状态目标,如"我有三个孩子,现在我想成为一个好父亲"。另一种类型的目标是基于未来的目标,如"我想五年内退休"或者"我想减肥"。我们建议你的目标要包括这两种类型。我们还建议你得在三个不同领域清晰你的目标,这三个领域是专业、个人和自我发展。

练习 我最重要的人生目标

1. _____
2. _____
3. _____
4. _____
5. _____

练习 目标一致性测试

想想你的首要长期目标。如何让你的目标符合你的原则、价值观和信念?

范例:

我的目标:购置一个家庭度假小屋。

我的价值观和信念:我有责任照顾那些有需要的人。我相信,做一些事来提升家人的幸福感是非常重要的。

潜在目标的一致:购置一个度假小屋能帮助我实现对家人幸福的承诺。

潜在目标的偏差:花钱购置度假小屋,会减少我支持慈善事业的投入。

你不需要放弃任何让你幸福绝顶的目标。但是，你会发现，当你的目标与道德指南紧密一致时，你的整体幸福感和效率都将得到提高。

框架3：行为

```
行为：
思考
情绪
行动
```

行为框架将"生活"放入了"协调一致地生活"之内。你的行为框架代表了你实际做了什么，包括你的思想、情绪和外在行动。行为框架将使你从第一个框架中选出了价值观和信念，从第二个框架中选出了目标，最后把它们都付诸实践。除非我们拥护原则和价值观，设定清晰的目标，并据此采取行动，否则我们无法成为成功的领导者或成功的人。虽然我们不能选择我们的情绪，但是可以选择我们的思想和行动。令人神奇的是，实际上我们所采取的思想和行动会影响我们的情绪体验。一旦我们做出不协调一致的选择，我们可能会假定自己无辜，但是我们的家庭、我们的同事、我们的金融机构却不会这么认为。因此，让我们的行为与道德指南和目标始终保持一致，是一名优秀领导者的一项基本任务。

思 考

为什么思考能成为行为框架的一部分呢？心理学家把思考看作认知行为的一种方式。深刻的思想会影响情绪和外在行为。问题是，思想往往伪装成事实，甚至当我们认为我们是符合逻辑的和客观的时候，然而事实却并非如此。大多数人都对很多事抱有偏见，这些偏见又纳入了我们的逻辑。例如，如果我是某足球队的忠实粉丝，该足球队刚刚闯进了超级联赛。我会很容易认为，花费几千美元飞去观看赛事是很值得的。因为特别想去，所以可能会不知不觉地"低估"行程费用。我可能会把开销合理化，哪怕它会增加我的信用卡还款负担，或者让我错过女儿的生日。

我们也往往依赖经验法则，或者心理捷径来作决定。比如我的规则之一可能是"只雇用毕业于常青藤学院的人"。但这个经验规则的成效如何？在决定雇用该人员的时候，采取这种心理捷径的后果是什么？我的经验法则可能有助于缩小放在办公桌上简历的数量。但是经常会遗漏了那些没能读上这类学校却有潜力的员工，我可能会失去雇用这些人才的机会，他们也许将对公司作出卓越的贡献。

因此，你需要经常质疑自己的逻辑。想清楚你的决定与你的道德指南和目标之间的关系，是非常重要的。即使仔细的询问也并不意味着你永远是对的。作出最佳的领导决策并不是一蹴而就的。但是，挑战自己的逻辑更有可能充分发挥你认知的和技术的能力，以协助你的组织发展。

情 绪

每个人都有情绪，即使最理性、最镇定的人也有情绪。情绪大大影响着我们对形势的看法以及对此做出的反应。这是因为你的大脑天生鼓励作出情绪决策。当出现一个强烈的外部事件时——比如迫在眉睫的合并或裁员——大脑加工情绪的部分将第一个得到消息。换句话说，诱发事件首先刺激情商，然后才刺激智商。我们的情商会为了速度而牺牲准确性。在大脑的逻辑部分有机会客观评估形势之前，我们已经卷入了情绪的洪水——恐惧或者兴奋。大脑究竟怎么回事，使得运用我们的德商如此困难？正如我们在第二章中了解到的那样，我们的大脑是为了促进生存、躲避危险、滋养自身而进化而来的。当感到危险时，大脑的"应激系统"被激活，立即启动一系列的生理变化，帮助我们远离危险源。应激系统关闭了大脑的分析中心，仿佛在说，"没有时间搞清楚事情，赶紧离开这里！"但即使没有人身危险，自动应激系统仍然在大量情绪伴随下启动，这种启动更适合躲避熊的袭击，而不是处理商业危机。当真正处在生命危机的情况下，我们需要迅速作出反应，这样才能挽救生命。而当面临商业挑战，虽然情感上往往是痛苦的，但是没有生命危险。因此，为了情绪脑的速度而牺牲理性脑的准确性，这就和我们对着干了。

现在，把商业机会看成充满希望的，而非令人恐惧的。一旦我们感觉到积极机会的存在，我们大脑的奖赏系统便开启，分泌出一种名为多巴胺的化学物质，这种物质给我们安全感和信心，使我们去把握机会。但是，当我们的奖赏系统开启时，应激系统便关闭。因此，我们无法意识到潜在的风险。

请记住，情绪状态中无所谓好坏，情绪仅仅是情绪而已。但是，强烈的情绪，无论是正面的还是负面的，都能妨碍我们作出有效的决策，必须加以管理。高效领导者知道如何调节自己或他人情绪反应的方式，从而营造一种积极而高效的工作环境。如果领导缺乏情绪控制力或洞察下属情感需求的能力，整个工作环境将很糟糕。

曼顿公司总裁琳·索塔格在她职业生涯早期，曾经是一家财富100强公司执行发展部的高管，那时的她曾错误地将一个怒气冲冲的执行人员配偶的电话转给她的老板。这位打进电话的人非常强势，对公司的政策表示很不满。当琳意识到她本应该为她的老板接这个电话做好准备，以使老板不至于陷入不了解公司某些政策的困境，可是为时已晚。她至今仍清晰地记得，当时老板的反应，以及此事对她的随后的影响：

> 我对整个事情记忆犹新。我的办公室正好可以看到执行总监的房间，我可以清晰地看到他同那位女士打电话时的表情。他的门是关着的，但我可以透过窗户看到他。等电话结束他一打开门，我就知道他会做什么了。他在众人面前责骂了我。第二天，他平静了下来，我们草草应付并处理好这件事，以确保此事不会再次发生。事情终于搞定，但是从个人层面来说，我却魂不守舍了很长一段时间。我仍然不得不同那位女士协调了一年半的时间，又花了好个月让这件事过去。这件事打击了我的自信心。我不再相信自己的判断力，我变得如果没有先和一堆人磋商，不愿意单独作决定。

行　动

我们都知道，行胜于言。除非我们将之付诸实践，否则拥有道德指南和雄伟的目标是毫无意义的。行动与价值观、目标无法协调则比行动毫无意义更加糟糕。这是负责这一核心原则的失败。它将伤害我们在乎的每个人和所有一切——家庭、同事和社会。更为严重的是它会致使我们失去极为珍贵的东西——他人的信任和尊重。

寻求协调

现在，你已经看到每个框架的内容，那么如何使你的框架保持协调一致呢？大多数人都赞成，协调一致地生活非常有意义。如果真的如此，为什么做到协调一致地生活如此困难呢？为什么用我们与生俱来的德商作出明智的选择，以支持自己的价值观和目标，也是如此不易？在下一章中，你将发现协调一致的生活的障碍是什么——然后找到克服这些障碍的秘密。

04 遵循内心的道德指南

知道自己希望成为怎样的人——如一个诚实的、有责任感的并富有同情心的领导者是一回事，而知道如何成为最好的自己则是另一回事。实际上，做你知道你应该做的事情又是另外一回事。这就是一致性的要义，简言之："始终保持你的目标、行为与道德指南的一致性。"为了保持这种一致性，我们需要具备三项素质。

- 道德智力（德商,待定）——形成我们道德指南的一部分，保证我们的目标能始终和道德指南保持一致。
- 道德能力——践行我们道德原则的能力。
- 情绪能力——能够管理处于道德冲突情境下自己和他人情绪的能力。

道德智力。你能解释下面这个公式吗？

$$\frac{d}{dx}\int_a^x f(s)\mathrm{d}s = f(x)$$

这里给我们这样一个提示：等式表示了"计算的基本原理"。等式告诉我们微分和积分是对彼此的反向操作。那么，你现在弄明白了吗？如果你和大多数人一样，那么，这样的解释对你或许有帮助，但帮助不会很大。你会说图表是一个数学等式，你也可以说了解计算，但你可能不知道或不记得微分和积分的差别。而在那些精通数学的人的眼里，微积分的基本原理就和我们知道 2+2=4 一样简单。复杂的等式对于数学家之所以有意义，是因为数学家拥有两种特质：数学智力（基本的能力倾向）和数学能力（习得的操作技能）。要想精通数学，有数学智力是不够的，但如果没有这种基本的能力倾向，即使再多的练习也不能帮助你成为优秀的数学家。道德智力也是一种基本的能力倾向，如果没有这种基本能力倾向，即使经过再多的训练也不能使我们成为品行端正的领导。就如脑部受伤的儿童一样，不管他们的父母是多么费心地向他们传授积极的价值观，他们还是会因为缺少基本的神经生物学基础而不能辨别对与错。

道德智力是我们进行道德思考和行动的基本能力倾向。我们通过唤醒道德智力来了解道德原则（道德的"基本原理"）。道德智力帮助我们建立道德价值观和信念，并把这两者整合到一致的道德指南中。因为这能让我们知道什么是对的，并以此来保持我们的目标和行为与道德指南一致，如同烟雾报警器一样，道德智力会在我们的目标或行为与道德指南发生偏离时发出警报。

当查理·布泽尔还是纽约一位年轻的投资银行家时，他的家族控制的美国中西部交通系统及不动产生意正陷入金融混乱状态。他回到家里想帮助拯救正在不断下滑的家族生意。公司律师召集了由公司管理层和持有公司股票的关键家庭成员组成的会议，来决定公司的命运。当律师和家庭成员开始讨论时，查理对他们的巧舌如簧很惊讶。很明显他们是要放弃公司了，而且没有一个人为此而感到失望、低落。查理很生气——他的道德智力警钟在此时发出了震耳欲聋的声音。他认为关闭公司是不公正的，并且就他家族来讲是一种极端自私的表现。如果公司关闭，将有 500 名员工失去工作，并且整个社区的居民将失去使用他们提供的公共交通服务。

道德能力。尽管道德智力可以让你知道做什么，但是道德能力才是真正帮你

04 遵循内心的道德指南

做出正确选择的能力。那么我们是如何做出那些我们知道是正确的事情的？我们又是怎样也能做出正确选择的，即使在害怕或压力状态下？在这些情况中，我们都需要道德能力。我们需要道德能力来分辨什么目标能保证我们忠于我们的价值观和信念，并使我们的行为与它们保持一致。查理·布泽尔的道德智力告诉他的家庭仅仅为减少损失而牺牲员工和社区的利益是自私的。这个时候他就需要道德能力来提醒他按照他的认识开始行动。虽然当时他还很年轻，但愤怒给了他动力，并得到导师的鼓励。他找到一些投资者并建立一家新公司，买回了被破产法院收回的公共汽车，并且重新雇用了在他家族辞退的公司员工。在一位了解和喜爱这个行业的高级副总裁的帮助下，公司存活了下来。15年后，查理的公司——杰弗森公交公司发展成地区性公司经营者。

情绪能力。我们也需要情绪能力来帮助我们保持行为与价值观和信念的一致性。情绪能力帮助我们管理自己的情绪以及与别人相处时的情感状态。缺少了情绪能力也不可能成为一个有道德能力的人。例如，绝大多数人都注重诚实的品质，也能够通过道德能力使自己成为一个值得信赖的人。尽管我们都被无数次地告诫这一品质的重要性，但如果我们真的都擅长说真话，那么为什么我们中的许多人还是在经常说谎？英国的一份女性杂志通过调查发现94%的女人都承认她们说过谎，其中一半人每天都会说谎。现在，情绪能力将回答类似以下的问题：

- 什么使得我们在一些特殊情况下难以说真话？
- 当我们说真话或说谎的时候别人会如何反应？
- 我该用怎样的方式才能在维护好人际关系的同时讲出真相？

情绪能力能使我们理解自己的情绪，尤其那些会妨碍我们做出正确选择的情绪。情绪能力还可以帮助我们理解别人的情绪，并做出适当的回应。这种能够对他人情绪需求做出恰当回应的能力继而带来了一个积极的工作环境。人们在这样的工作环境中，会毫无顾虑地做出符合道德规范的事情，而不是偶尔表现出他们的最佳行为。

德商2.0版

当领导者的情绪能力不足时，他们会制造出一种鼓励自我保护而不是诚实的消极氛围。洛瑞·凯泽是 Tatums LLC 西北太平洋的执行董事。在她早期工作过的公司里曾遇到过一个情绪能力不足的管理者。他是一个经常满嘴脏话的高级管理者，并会经常骚扰他的下属。每个人都觉得他很讨厌，但没人能制止他。洛瑞忍受了他很多年，直到她休产假时发现离开他是多么的美好。当她休完产假回来后，她利用自己新获得的公司最高管理层女性的地位与那位管理者划清了界限。洛瑞向她的上级请求，只有同意她不需要再与那位讨厌的管理者一起工作她才会回来。上级同意了她的请求，但并没有纠正那位管理者的行为。其他员工，有的因为厌倦了和他相处，开始逐渐离开公司。直到这个时候，管理层才意识到要注意这位管理者的行为。但是，这时他们已经失去一些优秀的人才——这种局面很大程度上是因为一个情绪能力不足的领导制造出的消极环境所造成的。

洛瑞错在没有立刻采取行动。她之所以能较长时间地忍受这种消极的工作环境，是因为公司给她的待遇还不错，而且她喜欢这份工作。尽管她不是这个消极环境的根源，但她承认对这种消极环境的存在负有部分责任。洛瑞说："虽然我能够忍受不随和的人，但我的下属是需要有人站出来替他们说话的。如果我在年轻人面前宽恕了这些糟糕的行为，那是不可接受的。现在我要代表所有比我年轻、不能站出来的同事说话。"

保持一致。当你一致地使用你的道德智力、道德能力和情绪能力时，你会发现你的生活和你的道德指南保持一致的时间越来越长。当你的这三个部分协调一致时，你会觉得你正处在巅峰状态，你的创造力和执行力也处在最佳状态。当你是领导者时，你的这种一致性状态会明显让你的追随者为之吸引。你的这种一致性状态将会为别人创造一个积极、高效的工作环境。

想想那些最鼓励你的领导者们，他们几乎总是始终如一地坚持那些你也坚信的原则。ID 传媒首席执行官琳·范特在说到她之前的老板，也就是现在的埃培智集团母公司名誉退休主席戴维·贝尔时说道："我会为他做任何事，因为他尊重我和公司里的每个人，他会做一些简单的事来表达他的感谢，如通过简短的邮件表达感激。"

遵循内心的道德指南 04

道德偏差。最成功的领导者会花费大量时间来确保行为和道德指南的一致性。但是我们都经历过那种难以保持一致的时刻。在这个时候，我们的道德智力似乎不能影响到我们想做的或正在做的事。相反，我们脱离了自己的道德指南，而不是成为我们希望的最佳状态的理想自我。道德偏差并不会因为我们缺少道德能力或情绪能力而经常性地发生。它们的发生是因为道德病毒和破坏性的情绪妨碍了我们成功地使用道德能力和情绪能力。

道德病毒是那些具破坏性的、不正确的消极信念，它们的最主要作用是妨碍道德要素的一致性。道德病毒影响我们的道德指南，并引导我们走向与道德指南相抵触的目标（见图4.1）。

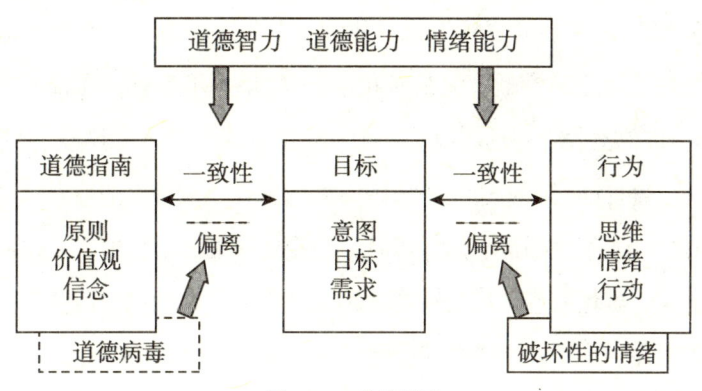

图4.1　一致性模型

诊断道德病毒。道德病毒是没有事实根据的、与一般原则相冲突的消极信念。就像计算机病毒影响操作系统一样，道德病毒会侵入你的道德指南，并常常导致其失灵。道德病毒让我们想到了计算机广告软件，这种隐伏的广告软件程序会在你不知情时通过互联网安装到你的电脑里。你会发现你的电脑桌面突然布满了弹出式广告，而且要找到这些广告软件程序，并删掉他们也是非常困难的，你的杀毒软件也很有可能失效。这种有害的程序能够隐藏它的文件，抵制试图删除它的操作。道德病毒就如同广告软件一样会偷偷地潜入你的道德操作系统，并很好地隐藏自己。在意识层面上，你可能会清晰地表达出一系列值得钦佩的原则、价值观或信念，你并不会意识到内心已经有了哪些会影响目标质量的不良信念。你的"官方"目标是和你的道德指南相一致的。但在不清醒的情况下，你会采取一些与你的道德指南相冲突的"非官方"的目标行为。最后的结果就会使你做出的选择和道德指南相违背,而你可能还会为自己为什么这样做而感到困惑。

我们来看看约翰·西蒙(假名)的经历,他是一家快速发展的专业服务公司的创始人。他参加了公司的合伙人会议,他们在会议中讨论到报酬问题。在讨论中,约翰坚持他的所有合伙人都应该根据法律规定来付报酬,他觉得这些法律规定能保证他的所有努力都应该得到一个合理的回报。约翰变得越来越尖刻,这令他的合伙人很失望。最后他们告诉约翰说他的表现就好像他们都是他的敌人而不是为了同一目标共同奋斗的人似的。约翰花费了几个小时来反思为什么他会有这样让人疑惑的行为。

约翰解释说:"在我4岁的时候,我和哥哥发生了争吵,并咬了他。父亲坚持让我道歉。而我拒绝道歉。父亲对我说,'如果你不道歉,你就不再是家庭的一员了。'结果他把我带到远离我们家半英里的农场,并把我独自一人扔在那儿。我到现在还记得自己当时一边哭一边跑回家的情景。我得出的错误结论是,当遇到基本需要如个人安全都得不到保障时,你真的不能相信任何人,即使是那些和你很亲密的人。虽然有些人从没有真正利用过你,但他们也可能会以一种不能预料的方式攻击你。你需要始终保持警惕。"

当约翰暴露自己的"道德病毒"时,他重新回到了他的各位合伙人当中,并坦承了那些影响他的道德指南和干扰他们会议进程的消极信念。

常见的道德病毒:

· 多数人是不能相信的。

· 我一文不值。

· 我比多数人都优秀。

· 胜者为王。

· 跟着感觉走。

· 我的需求比别人的都重要。

· 绝大多数人都更加关注自己而不是关注别人。

· 其他人(来自不同种族、宗教和国籍)并不和我们的人(即我们的种族、宗教、国籍）一样优秀。

应对道德病毒。审视思想中的道德病毒是一个管理道德病毒的好方法。收听自己的"自我对话"——持续不断的内在自我交流，可以弄清楚自己在想什么。如同电脑杀毒软件会定期扫描病毒一样，你也需要经常地审视你的自我对话，这样才能够保持对那些会影响到你日常行为的内在信念有清醒的认识。除了经常地审视道德病毒外，我们建议你不管是在经历那些消极的或是积极的强烈情绪时，你都要审视你的自我对话，从而预防可能的道德病毒。因为思维和情绪是相互影响的，尤其是要理解那些可能引起令人不舒服的情绪的信念根源。

消除道德病毒。当发现你的思想中有道德病毒时，你有机会用与道德指南一致的那些思想和信念来取代它。抵御道德病毒虽然在一段时间内会是有效的，不过并不能永久修复。道德病毒有时候就像一些生理病毒一样长期潜伏在我们身上。例如引起皮肤疱疹的病毒，它是和禽流感相关的一种传染性病毒。当疱疹发作时，病毒没有消失，而是隐藏到神经的底部，在这里它可以一直潜伏着，一旦受到感染的免疫系统因为其他病毒的影响而受到削弱，之前的病毒症状又会重新出现。简单地说，当我们处在压力之下，道德病毒的症状会再次浮现出来。在前面提到的例子中，约翰·西蒙斯弄清了他是如何被道德病毒影响的，但是他认为将来他还会被同样的病毒感染。约翰并没有完全"痊愈"，但是他的意识可以帮助他自己认识到道德病毒症状，并快速地消除，从而使之对未来的影响最小化。

因为没有人会在一个完美的环境中成长，大多数人都至少会有一种道德病毒潜伏在那里，在我们遇到困难时出来突然袭击。所以定期地审视我们自己的思想是极其重要的，并且主动地提醒自己道德指南中的那些信念。经验法则告诉我们：当你发现做事的时候感觉困惑，也就是你会自言自语地说"我不知道我为什么这样做"的时候，你很可能就遇到了道德病毒。把这些困惑说给好朋友或值得信任的指导老师是一个好的开始。就像病毒会在黑暗里繁殖，当道德病毒被带到灯光下，他们常常会变衰弱并消失。

破坏性情绪。破坏性情绪是阻碍我们朝着目标奋斗的最常见的罪魁祸首。贪婪、憎恨或嫉妒等情绪的力量是极大的，他们会削弱我们的道德和情绪能力。"情绪的周期性衰竭"是人类的一种本性，这种情绪衰竭状态不仅需要长期的"休息治疗"，而且在情绪衰竭状态时，即使平常的压力也会让自己的情绪处于崩溃边缘。虽然我们的道德指南是完整的，我们的目标是清晰的，但在情绪冲动的时刻，我们会表现出和我们所说所想完全不一致的行为。我们失去了控制，并任由破坏性情绪来主导。贪婪是特别具有破坏性的情感，它可能就是21世纪初的公司财务丑闻和最近的金融危机风暴的核心所在。我们很难想象那些高管会和财务或证券欺骗有牵连，也很难想象他们会需要如此多的钱。而对这些贪婪的高管们来说，他们永远不会感到满足。我们太熟悉那些因为贪婪产生的阴谋所带来的后果——工人失业没有退休金、股东背叛、私房主人被逐出以及公司歇业等。

管理破坏性情绪。消极情绪的产生总是有原因的，重要的不是消除经历中消极情绪的痕迹，而是应该提升管理破坏性情绪的能力，以保证消极情绪不会使你的目标偏离。管理好消极情绪对于领导者的领导生涯是至关重要的，如果对破坏性情绪不加遏制，就会出现高级管理者的职业生涯脱离发展轨道的常见原因。一位在书中被采访到的制造业高级主管指出了管理潜在破坏性情绪的重要性。"有些人会食言或不守承诺或歪曲事实，而我只想按规矩办事。我的自我控制能力发展得很好。通常情况下，我不会发脾气。如果忍不住了，我会尽力不在我的团队成员面前失控。所以，冲突就存在于是像自己希望被对待的那样去对待别人，还是按自己当时被惹怒的实际感受去对待别人。我不觉得自己是极其敏感到以至于要控制自己对他人产生的报复动机的人。"

对付消极情绪的一个有效方法是长期培养积极情绪的状态。控制情绪必须从内心开始。不管是小孩还是成人，没有一个脾气坏的人会想听到别人对他说"冷静"。幸运的是，我们能学会如何应对高度紧张的情绪。深呼吸练习、深度肌肉放松练习以及冥想都是一些被科学证实的、产生更多积极情绪的方法。根据个人偏好的不同，创造积极情绪的练习方法也可不同。你可以从事自己的兴趣爱好活动、为社区服务，或花时间与大自然或家人在一起，甚至洗碗也能引起积极的情绪状态。这些方法之所以有效是因为你同时处于两种相互矛盾的生理状态。当你开心的时候你不会生气，当你冷静的时候你不会焦虑。经常做最能引发你积极情绪状态的练习，对于提高管理情绪的能力是非常关键的。通过练习，你可以建立起安静、平和的内在状态，等你需要的时候，这一状态会自动生效。当你培养好了自己的积极放松的情绪状态时，那么无论什么时候，破坏性情绪开始蔓延时，你都可以唤醒你的积极状态去应对。

经验三角。我们每个人都在体验一种称之为"经验三角"的状态，即思想、情绪和行为这三者互相影响的关系。尽管我们在讨论道德病毒和破坏性情绪时是分别来看它们的，但事实上，它们是同时出现的，并且会互相强化各自的消极方面。情绪通常是思想的产物。例如，我们钦佩一个人，因看到他而产生的愉悦之情，并非来自该人的物理存在，而是来自于我们对他的看法。同样的，当我们处在破坏性情绪的痛苦中，总是有原因的，即我们对所处情况的一些看法和信念引起我们的消极感受。你会想"我不能相信他们"或者"我应该得到更多"。这会让你感觉很糟糕。你感觉越糟糕，道德病毒越有可能侵入你的信念系统。破坏性情绪如愤怒、嫉妒常常是伴随道德病毒产生的"发热症状"。但是情绪也会刺激思维过程。当你被破坏性情绪控制时，你对自己或别人的认识会受到消极影响，从而产生道德病毒。总之，思想和情绪会影响我们的行为。道德病毒和破坏性情绪对行为的影响是广泛而明显的。对领导者来说，道德病毒和破坏性情绪会导致职业生涯的结束，至少也会使你在同事面前的表现大打折扣。

思考以下相互对比的经验三角。

保持一致性的案例

情景：我的老板在一定程度隐瞒了新产品线的制造问题，并且一直隐瞒到绩效考核结束。

思想：我知道老板的行为是违反诚实原则的，我有责任去揭发他。

情绪：挑战老板的决定带着恐惧，混合着信心和决心。

行为：面对老板的这种行为，敦促她提供关于产品问题的准确信息。

另一方面，我们假设你无法面对你们老板。那么，这是因为你没有意识到她做错了，还是不知道怎样处理这件事情？也许两者都不是。你没有采取行动的原因更可能是来自你对当前情况的理解或信念。你的信念会假设一个场景或框架，来决定如何对你老板的行为做出反应。你很可能会体验到这样一个经验三角：

> **道德偏差的案例**
>
> *思想*：别人做什么和我无关。从人的本性来看，我很有可能会因为坚持真理而受到惩罚。如果我揭发老板，我的老板可能会报复我，我很有可能会失去奖金甚至是工作。
> *情绪*：害怕和焦虑。
> *行为*：寻找其他方法，或帮助老板隐瞒新产品线问题。

在这个例子中，我们可以探测出存在于信念中的一种道德病毒，即"人应该关注自己的事"，这个病毒是与这样的信念结合在一起的，即如果你挑战别人的消极行为，他们会做一些伤害你的事。这个道德病毒很有可能会影响到我们关于人类本性的积极情绪和我们坚持真理的责任感。但是，道德病毒能削弱在困难时刻应具备的积极信念，并且用关于我们动机和责任感的消极信念来取代它们。在上面的例子中，我们也能看到如害怕和焦虑这些情绪的破坏力，这些消极情绪将进一步强化消极信念，并误导我们的行为。

预防维护。保持一致性需要我们经常调整监控器，并防止道德病毒和破坏性情绪带来的毁灭影响。但最重要的是，保持一致性是依赖我们持续地发展我们的道德和情绪能力。那如何来发展这些能力呢？我们每天必须做什么练习来保持一致性呢？为此，我们需要在道德和情绪能力方面成为能手，就如同我们在这本书接下来几章里看到的一样。

第二部分
发展道德技能

05

诚 信

每个人，如塑像一样，在他的整个一生中都不断地发展着和谐、诚信和自由的规则，或丑陋、邪恶和奴役的规则。不论我们是否愿意，我们都在生命中留下自己的痕迹。

——Harriot K. Hunt（1805—1875），美国医生及女权主义者

饿死事小，失节事大。

——中国谚语

诚信能力	·行为始终和原则、价值观和信念保持一致 ·说真话 ·坚持真理 ·信守承诺

行动与原则、价值观和信念保持一致

在各项道德能力中，这是最基本的道德能力。与原则、价值观和信念保持一

致的行动意味着你要很清楚所做和所说的每件事的目的。诚信就是真实，即你所说的就是你所指的，你所指的就是你所说的。诚信行动的第一步是要保持清醒的意识。这也是为什么时刻清楚自己的道德指南是如此的重要。与道德指南一致的行为也意味着要让别人了解你所遵循的重要原则，并且能够为与道德指南一致的决定和行为负责。沃尔特·布拉德利在一家金融服务公司做理财顾问之前，曾在汽车销售行业做了20年。有一天，一位年轻女子想买一辆二手车，这是她的第一辆车。因为她的经济能力非常有限，只能买得起这辆车。这辆车之前的车主已经开了很多里程，车上面有一些压痕，另外，排气管估计也有泄漏。沃尔特·布拉德利告诉她如果买这辆车，他们会检查漏洞并修理好。沃尔特说："后来当我们修理这辆车时，排气管果然出现了泄漏。但我的老板说这种问题只要临时修补一下就行了，以后的问题不归我们管。我与老板为此产生了争执。但老板说他只要能让这辆车离开这栋房子，其他的他都不管，这车子并没有质保的。当着老板的面，我让维修工不要做临时修补，而是认真修理。我和老板因为这个陷入了口水战，但最后维修工还是做好了。"问到为什么会这么坚决地和老板对抗时。沃特回答说：我讨厌对抗，但那个女人信任我，我知道如果我的承诺没有用处，那么我的产品也没有什么用处。

不一致的高昂代价。领导者如果公然藐视普遍原则，就会严重地伤害到他们的拥护者、顾客，甚至会触碰到人们的底线。但同样糟糕的是，有的领导者会在口头上说人要诚信，而在实际中却总是忽视诚信。如凯文·雷诺兹（化名）是拥有4亿美元资产的消费品公司首席执行官。凯文在他的演讲中对投资者、员工和董事会成员谈论了很多关于诚信的话题，但是他的直接下属却一点都不信任他，并且每个人都能举出关于凯文背叛或欺骗的例子。凯文的直接下属们没有一个愿意在他创造的环境里为公司承担风险，他们有的花了很多的时间来计划如何使自己避免受到凯文的背叛带来的伤害，而他们其中一些勇敢的人则公开威胁要董事会解雇凯文，否则他们就离开公司。最后一根稻草出现在了金融危机的时候，凯文操纵奖励基金使自己获得了最大额度的年终奖，而使他的团队得到了极不公平的低额奖金。在一段时间内，凯文通过隐瞒信息和展示虚假数据努力隐藏自己的奖金阴谋。但是，他对奖金基金的违规操作最终还是泄露出来。董事会要求他辞职，没有人对他的离去感到难过。他的不诚实名声在业内传开，这使他今后很难再被雇佣为高管。

在公司环境中，我们可以看到缺乏诚信常常意味着道德能力的缺失，就像凯文个案一样，但有时候，缺乏诚信在更深层次的意义上还意味着德商的缺失。有的人就比如杰夫·沃尔什（化名），他的道德指南已经严重败坏了。杰夫在申请一家财富500强公司的区域销售经理职位时。他的简历显示，杰夫在过去的销售和管理上都有着非常好的业绩，并且拥有一所知名大学的MBA学历。销售副董事在面试过杰夫后对杰夫印象非常好，并准备马上就雇佣他。他对招聘人员说："一定要把这个人招进来。"但是当招聘人员检查他的证书时发现，杰夫并没有大学本科学位，更不用说MBA学历了，他甚至从没有修过任何大学课程。当招聘人员质问杰夫时，杰夫头上渗出汗，承认自己在简历上作假了。你可以想象杰夫额头上的汗证实了他是明白是非的。但是杰夫很快就恢复了冷静，并且试图找到销售副董，让他相信没有MBA真的没有关系的。由于没有良好的道德指南，杰夫完全没有意识到对证书作假是一件很严重的事情。他会出汗只是因为谎言被揭穿了，而不是为此感到内疚。

说真话

苏珊·达丝蒙（化名）在一家知名金融服务公司的主要部门任首席财务官。她的CEO是一位要求苛刻、脾气火爆的人（实际上是位高调的高层管理者），这位CEO决心不论如何都要让季度收益达到华尔街的期望值。在苏珊团队中工作的金融分析师们感到压力很大。他们抱怨道："CEO折磨我们做这些数字的工作。如果我们立刻得出结果，他会大发雷霆。"苏珊知道他们并没有夸大，但是她也知道自己能够把握首席执行官的怒气，避免让其发火。"他对我们最坏的表现是怎样的？"苏珊答道"当然是朝我们怒吼，但是在他怒吼前，我们一定要说出真相"。苏珊的道德立场不仅帮助她的公司远离了《华尔街日报》的丑闻版面，而且也为她的金融机构里的人提供了"掩护"。通过自己的行为使她的同事们能够安心地做自己认为正确的事情。苏珊对CEO带来的压力的真实反应,不仅显示了她的优秀道德技能,而且也展现了她的财务智慧。她激励下属在经济腾飞期间仍继续为公司工作,虽然这时他们工作技能使他们很容易找到其他工作,因为各家公司都处在用人高峰期。

用真相指引

想象你是一艘正行驶在加勒比海上的旅游帆船的船长。几小时前,在你离开码头时,还是阳光明媚,阵阵轻风吹着小船前进。突然之间,天气就变得糟糕起来,霎时,狂风大作,波浪汹涌,你船上的乘客很害怕。此时,你该怎么做?告诉他们真相,你跟他们说:"这是一场很危险的暴风雨,我们很有可能会遇到不测。大家必须穿好救生衣,待在甲板上直到暴风雨过去。我之前也曾遇到这样的暴风雨,所以,我非常有信心我们能够度过这场暴风雨。"

在组织情景中,说出真相常常意味着要告知在困难环境中的真实情况。当情况危急时,领导者需要说出真相,从而为人们保持希望和乐观提供真实的依据。

莎莉·朱厄尔是REI户外齿轮零售的首席执行官,她说:"在过去的两年里,我们获得了很多的经验教训,其中之一的经验就是始终如一地告诉人们事件发生的真相的重要性。"莎莉继续说道:

> 2008年秋天,即经济危机开始之前不久,我们开始每周给员工发信息,告诉他们公司可能会面临的情况,以及我们正在做哪些努力。那时,我们甚至一度觉得与员工沟通过度。但我们同时也发现在此期间高层管理者之间的相互信任感有明显上升。当时,公司上下的信心空前地高涨。但这些年来,我们却很少有这样的感受了,因为已经没有像那段时间与员工保持频繁的沟通。回忆当初我们一点也没有觉得这是过度沟通,事实上有必要一直与员工保持这样密切的联系。

我们在2009年进行过裁员，也预付了员工一些工资，并告知他们这么做的商业原因。我们花费了很多努力训练管理者，通过角色扮演指导他们如何回答有关裁员的问题。后来，很多被裁掉的员工发来消息，告诉了他们当时被裁掉的感受。有的人说他们当然是不希望被解雇的，但是他们能够理解公司为什么一定要这么做。许多人说如果有机会，他们还是很愿意回来再为公司工作。

那么，我们学到了什么？那就是：不要让局势变得神秘，勇敢地说出事情的真相。传达的消息越多，越能增强我们的沟通。有些人为此表达了他们的感激之情。有的说，"谢谢你们为此所做的一切"。这是一个帮助管理者减少员工不确定感的好机会。

拉尔森制门公司的戴尔·拉尔森是另一位认为领导者应该说出真相的倡导者。

有段时间，我们失去了家得宝这家大客户。我们不得不告诉每个员工他们的工作将受到威胁。虽然我们可以把这个情况隐瞒一段时间，但我觉得我们需要对员工坦诚，告诉他们真实的情况。正因为这样做了，我们才能迅速恢复过来，并且发展得更好。我们也迫不得已地解雇了很多工厂的工人。但三四个月后，他们中的很多人又回来了。至少，我们可以给他们尽可能多的时间来为艰难时期做准备。

隆·多巴是美国证券金融服务公司的董事长兼首席执行官，他也是一位敢于说出让人不愉快的真相的人。他发现说出真相是唯一能让员工和客户对公司保持信任的方法。直到几年前，美国证券金融服务公司还是利用两家公司来清理金融交易账目。隆意识到如果将他们自己的业务整合到其中一家清晰透明的公司应该是非常有利的。但这样也会带来一个情况：清算公司的收费会使隆的业务带来经济上的利益，同时却会减少经纪人的酬金。正如隆所描述的那样：

我可以说，除了联合我们别无选择。事实上，这么做的原因是为了增强我们公司的竞争力。我没有隐瞒经纪人将会减少收入，以及我们将获得更多利益的真相。我指出我们需要这样做是因为这能帮助我们度过经济低迷时期。我解释了原因。虽然我可以指责政府和监控者，但我从没那样做。我一直保持诚实的态度。我说："我们正在这样做，而这就是原因。"最终，这样的行为增强了经纪人对我们的信任感。如果你是诚实的，你就能获得别人的信任感。你的诚实将会为你带来忠实的客户（经纪人）。我相信，诚实会产生信任感，信任感会产生忠诚，而忠实的客户是最好的客户。我们的客户会意识到这一点，也会享受这些。

说出绩效的真相

许多人都不愿意直接谈论部下的表现不佳。他们想到那些绩效不佳的人会因此情绪低落，而且他们也不愿意为他们的痛苦来承担责任。

北美洲汉堡王前董事长、嘉宝果汁前首席执行官保罗·克莱顿就是因为对人毫不留情而闻名。他记得只有一次隐瞒真相的情况，那是在和别人谈论对方表现时，"我犯错是因为没有很直接地指出问题。我需要给出一个负面的绩效评定，但我却回避了问题所在。我一直对自己的沟通技能不满意，但在很长一段时间内，没有人跟我说过这方面的问题。我想如果有人有勇气尽早地告诉我，那也会给我很大的帮助"。

我们都听说过这样的糟糕故事：同事表现很好并得到加薪，但在一个月后却被解雇了。发生这种事情，往往是因为管理者在这段时间里没有对员工的工作表现给予真实的评价。一些管理者在评定员工较差的工作绩效时，言辞往往含糊、非常地不明确，以至于员工完全感受不到批评。我们还听说过这样一些极端例子，有位员工在周五已经被解雇了，但在接下来的周一，他却还是像平时一样去上班，因为他完全不知道自己已经被解雇。

诚实原则的例外。说出真相的能力包含着一个似乎与其本身相矛盾的因素，

诚 信 | 05

这就是要知道什么时候不能说出真相。18世纪哲学家伊曼努尔·康德给了我们这样的例子。想象一下，有个杀人犯来到你家，想知道你朋友在哪里，然后去杀害他。而你的朋友此时正躲在你浴室的柜子里。在这样的情况下，大部分人都会赞成保护朋友的义务大于说出真相的义务。"二战"中一些勇敢的欧洲人就遇到这样的情况——他们冒着生命危险保护犹太人，让他们避免受到纳粹的迫害。其中，比较著名的是安妮·弗兰克日记里所记录的故事。"二战"时期，弗兰克一家作为犹太人躲藏在父亲之前的一个雇员家里。当纳粹对阿姆斯特丹定期搜索迫害犹太人时，保护弗兰克一家的雇员如果向纳粹说出真相，他们的道德能力就是有缺憾的。

对企业领导者来说，诚实通常也是复杂的。有时候，有些信息领导者是不能够泄露出去的。企业裁员、企业首次公开招募或企业合并与兼并等情况都是需要保密的。比如当计划裁员的时候，领导一方面知道提前告诉员工他们可能会失去工作会有助于员工做好准备。另一方面领导者有责任不泄露任何损害公司利益的信息。过早地说出真相会对公司造成不利影响。但是，如果被问及此事时，仍然回答重组尚在酝酿之中则是不诚实的表现。如果是法律要求要隐瞒的信息，领导者只要遵守即可。领导者可以发表类似的诚实言论："我们的确有这样的计划，但现在我们还不能讨论这些。请大家放心，我们在制订计划时，必将考虑所有的员工、客户以及股东的利益。"

有时候为保护员工隐私，知情不报也是必需的。计算机程序员吉娜塔·肖发现她的丈夫及其家族卷入一桩犯罪事件中，并且这件事将会出现在报纸的头版头条上。这让她感到压力很大，同事们也察觉出肖的异常。同事们问主管肖发生了什么事。管理者决定说出真相，但却不是全部真相。他告诉那些同事说肖正面临着超出她能控制的一些私人问题，这些问题给她带来了很大困扰。管理者恪守保密承诺，帮助肖度过了这段艰难的时间，并要求别人也这么做。

痛苦的真相？诚实与圆滑并不是互相对立的。我们有些人会因为自己能诚实对待错误而自豪。我们可能会说一些别人不敢说的事情，但添油加醋地说更多的事实则是没有必要的。有的人会用"诚实"作为发泄敌意的借口。

我们会在"看到什么说什么"的伪装误导下，做出一些残忍的、言辞激烈的、或有攻击性的评论，然后通过声称"我只是诚实而已"，为自己找借口。杰弗森公交公司的首席执行官查理·布泽尔认为，"我只是诚实而已"的免责声明是典型的、有害的"明尼苏达式的消极攻击方法"。当我们有意交流一个有害的真相时，常常不会诚实地说出一些自己的事情。所以，当我们觉得有义务去告诉别人一些"为他们好的"事情时，我们需要首先检查自己的动机。我们是想胜过他们？我们嫉妒他们？还是我们想获得某种心理平衡？也许增加这样一个问题是明智的：是否有方法可以做一个善良的，而不是残忍的诚实的人？

良好的意愿。说出真相与情绪的自我觉察能力结合在一起时将发挥出最大的作用。自我觉察可以帮助我们理解目标和期望是怎样影响我们与他人的谈话。领导者在隐瞒将发生变化的消息时，需要严格地检查他们的动机。尽管保护公司的利益很重要，但如果隐瞒消息是把持股人的利益放在了一般员工之上的话，很明显，这就违反了诚信原则。

我们也需要通过情绪能力来理解他人的情感，并以他人能接受的、有效的方式讨论真相。事实上，当管理者做出自私的决定，或隐瞒即将发生变化的消息时，员工是能够感受到的。由此对道德和工作绩效产生的消极影响会破坏实施改变的任何努力。

真相如何激励绩效。说出真相对领导力效率和员工承诺度有着巨大的影响。当员工为不诚实的领导工作时，他们会设法捕捉，并衡量各种信息，以避免受领导负面的或不可预知的行动的影响。不诚实的老板营造了玩弄政治阴谋的氛围，在这种氛围里，员工们想的不是高效的工作，而是把大量的时间花在掌握老板的行程、搜集信息、排挤他人等事情上，他们这样做的原因是觉得这能使他们避免受到伤害。相反，诚实的领导者营造出相互信任的氛围。员工感到很放松，因为知道他们的组织里不会隐藏任何"惊喜"。员工获得的越多，就会投入越多的创造力到工作中去，因为他们不需要浪费时间来防范他人。

坚持真理

坚持诚信原则的领导者,也必然坚持真理。

本·史密斯的职业生涯是从做律师开始的,在银行业有着丰富的高管经验,曾经在美国合作银行担任联合总裁,在富国银行担任前执行副总裁以及在通用汽车金融服务公司担任前执行副总裁。本给我们讲了关于在艰苦时刻如何坚持立场的故事:

> 我们团队中的一位高级信贷员是一个非常不错的人,在银行里的每个人都喜欢他。我注意到他是因为每年都会给相当一部分客户超额贷一次款,这不仅免于拖欠,也为自己和公司赢得了新的生意。他的这种做法是合法的,但却是不对的。有时他会在一年内贷三份款给同一个客户。我知道这样对客户是不利的,因为这使客户一直处于无法支付贷款的困境中。对公司长期来说也是不利的,虽然这样做可以在短期内为银行获得收入。这种做法当然也会给信贷员带来更多酬金。我想解雇他,但却难以开口,因为我个人还是很欣赏他,而且银行的人都喜欢他,但解雇他却是正确的选择。

本的领导方式再次证实了诚信、责任、怜悯这三个原则之间的密切关系。有一次,本遇见一位美国合作银行承销岗位的候选人,他很想雇佣她。但她有个小孩,希望工作时间能够有弹性。本答应了她的要求。作为对本的报答,她很快成为银行里最好的保险员之一。在出售美国合作银行时,本确保了新老板留下了除两位员工之外的全部员工。被收购之后,新老板计划解雇一位刚刚生完小孩的女职员。本知道她真的很需要这份工作作为重要的经济来源,于是,他向新老板建议留下她,并与她签了下一年的合同。那么,本显示了他的诚信、责任和怜悯心了吗?很明显,他的行为与诚信、责任和怜悯这三个原则保持了一致。

美国证券投资公司的隆·多巴是坚持真理的另外一个例子。当客户对投资结果不满意时,律师建议"不用去管他们",这听起来不错。虽然对于经纪人来说,这是难免的，但隆认为：公司应该站在客户一边，并努力做一些正确的事情。多数投资的失败并不是经纪人的错误。有很多这样的例子说明为什么隆相信他必须站出来反抗。如有一次，一个客户通过经纪人购买了所想要的投资。但后来投资失败，这位客户把公司告到法院申请仲裁。隆回忆如下：

> 他是一个资深的投资者，也知道投资存在的风险，但他找了一位咄咄逼人的律师来设法找到我们的破绽。很明显，在这个案子里，并不存在没有事先告知投资者风险或经纪人误导投资者的情况。最终，我们赢了这场官司。如果我们在这场官司中败诉了，这会使我重新考虑我的行业。如果每个投资失败的人都找我们去法院仲裁，那么就是这个行业的失败。所以，通过努力，我们赢得了经纪人对我们的信任感，我们坚持了我们认为是对的事情，员工和客户都会看到这些，这对彼此都是明智的。

戴维·雷雪是华盛顿大学的电子商务教授，他回忆起在微软任管理者期间支持一名员工的事情。

> 有一次，性格非常固执的老板在开会中责骂了一位年轻的新员工，这位员工是我的下属。老板问了她许多她回答不了的问题，因为她刚进来还没多久。我的老板是一位苛刻的、不容他人反抗的人。但在那种情况下，我站起来反对他了。我记得那时在会议室里引起了一场小混乱，因为大家都不敢相信我会反抗她——她是如此的强势。当后来我去了亚马逊公司工作，我的前老板开始为我工作，并成了我的支持者。我想这是因为她尊重我，尊重我愿意支持别人的行为。

美国本田汽车公司行政事务部人力资源高级副总裁加里·凯斯勒讲述了他的一次镇静地选择立场的事例。加里发现团队中的一位成员，同时也是他的好朋友，伪造了教育背景。加里知道他可以原谅这位朋友，也可以替朋友隐瞒这件事。但是加里认为，忽视好朋友的欺骗行为也就是欺骗自己。这对那些期望通过学校学习获得好工作的人是不公平的。所以加里鼓起勇气，把他的好朋友解雇了。

与加里的那种令人敬佩的个人立场不同，多数坚持原则的立场都会遭遇顽强的抵抗。贺曼贺卡公司的董事长兼首席执行官唐·霍尔早期在产品发展部门任职。他对客户的期望有着敏锐的嗅觉。他坚决反对为使产品降价而节约生产成本的提议。为了保持客户的忠诚度，唐坚持认为公司首先要关注的是质量，而不是成本。

对抗传统的观点而坚持原则立场是非常富有挑战性的。在大多数组织机构中，来自各方面的诸多压力使你不得不认同大众流行的观点。如果你坚持与之不同的立场，你的事业或生计就处于危险中。以诚信作为行动的指引，意味着你接受了由坚持原则立场带来的风险，因为需要坚持道德立场，你就没有其他选择。想想那些由于没有人坚持真理带来的伤害——因为劣质的构造而坍塌的建筑物、因为忽视需要修补的桥而逝去的生命、因为过多贷款给低收入家庭而破产的银行、因为NASA管理人员忽视了工程师对有缺陷O型环的担心而爆炸的挑战者号航天飞机。

信守承诺

信守承诺是诚实的一个重要特征，它证明了我们可以得到信任去做那些我们说过会做的事情。信守承诺在组织中也是一种很受重视的能力，但在实际生活中做一个始终一直守信的人却很难。我们有信守承诺的良好意愿，但我们可能会让不断增加的、需要做的事代替了之前承诺。卡莉·王（化名）是一家专业服务公司的高级主管，她的职业生涯正在受到威胁，她的团队传递出不良的信息。她得不到同事们的尊重是因为她在信守承诺方面表现糟糕。当一个大项目到她手里时，她会全身心投入，事无巨细地亲力亲为，甚至会超过她能控制的范围。她说很乐意授权给下属，前提是他们能够把工作做得足够的好，她也以此作为拒绝授权的借口。当卡莉勉强地授权给别人时，常常忘记提供有关工作的完整信息。再加上她的想法经常发生变化，工作的优先顺序每隔一小时都会发生变化，这使得下属无法与她顺利地沟通工作进展。卡莉从来不说"不"——她答应了太多的事，但不可避免地在一些重要的承诺上失约。

了解卡莉的人会尽最大努力适应她在工作上的坏习惯，他们相信尽管她的执行力欠缺，但她的动机是好的。不了解卡莉的人只会看到她工作上的失误，不再信任她，并给她贴上说谎者的标签。对她最为不满的人认为她是故意压制别人来抬高自己的工作。幸运的是，后来卡莉的老板建议她通过某些领导力训练，完成从高效个人到高效领导者的转变。最后，卡莉意识到自己的一些言行带来的严重后果，也逐渐养成遵守规则的工作习惯，这一点帮助她重新建立了团队成员对她的信任感。

信守承诺常常需要一些情绪能力的帮助——认识到我们意愿和行为不一致性的自我觉察能力和采取使我们信守承诺有规律的工作习惯的自我控制能力。

尊重隐私。对领导者要求最多的承诺之一就是要维护他人的隐私。对那些低诚信的领导者抱怨最多的也是他们没有尊重隐私。有些领导者出于好心，说出他人的秘密。他们觉得这样做能够帮助被泄露隐私的人。有些人则错误地相信把秘密或信息透露给无关的第三方是可以接受的，因为他们认为这种第三方不会再把这些秘密或信息告诉给其他人。具有讽刺意义的是，我们中的一些人竟然会期望第三方能保守自己已经泄露出去的秘密。当你和别人讨论某人的隐私时，你可以假设这将使其成为公开秘密——那个被泄露秘密的人也会知道你是泄露秘密的始作俑者。

当领导者泄露秘密后，他们失去的不仅仅是同事的尊敬，他们也失去了信息的来源，因为他的下属和同事学会了需要对口风松的领导隐瞒敏感信息。

泄露个人隐私对领导者职业生涯带来的影响要小于因缺失某些诚实特质带来的影响。如果这个领导者在其他方面有好的名声，人们会尝试通过向领导强调有些信息是秘密，是需要隐瞒的，来弥补领导者口风松的缺点。当一个好心的领导者在接收到这样紧急请求时，他们一般都会明白的。

不背叛他人情况下的秘密行动

如果你听到一些觉得非常有必要与别人分享的秘密，请求获得批准或与公开信息的人一起寻找安全的方式来交流这些信息。最后，如果你听到一些法律要求公开的秘密，你有责任告知那些提供信息的人。

06 责　任

> 我认为杰出人士的一个优秀特质就是能够清晰地明白自由与责任的边界。
> ——鲍勃·迪伦

> 我们已经到了只愿享受权利，不愿承担责任的地步了。
> ——纽顿·米诺，前联邦通信委员会主席

责任能力	·为自己的选择承担责任 ·承认错误和失败 ·承认服务他人的责任

责任终于此。这是一句写在杜鲁门总统办公桌牌子上的座右铭。他在很多场合曾多次提到这句话，并强调这样一个观点：美国总统也不能推诿掉对其他人做出的决定所应该承担的责任。这句名言已存在了半个多世纪，这足以证明责任原则的重要性。需要提醒的是坚持责任原则是非常困难的。

不负责任并不鲜为人知。《圣经》中，人类的第一个借口与上帝造物有关：当上帝发现亚当偷吃了禁果后，亚当随即解释道："这是夏娃让我吃的。"我们生

活在一个能够高度容忍逃避平常责任的文化中，但时下公司丑闻泛滥，这种责任缺失的现象让人感到极其不安，如安然公司首席执行官肯·雷从不承认他授意原首席财务官安德鲁·法斯托操纵财务账目。正如《华尔街》杂志在2008年12月期所作的相关报道所说的那样，这类事件加速了20世纪末的金融危机的爆发。

美国证券业在9月份受到严重的冲击，其中的很多组织面临解体。抵押银行贷款给那些没有能力偿还的美国家庭。投资公司将这些贷款打包成复杂的金融产品，却忽视这样做的风险。但评级机构常常给予批准，这样，投资者就会大量借钱购买，调节者则忽视了这一过程中出现的危险警告。

尽管很明显这是金融服务公司、调节者、政客甚至是客户们不负责任的后果，但是没有人会为经济大萧条后出现的最严重金融危机事件负责。没有人承认他们或他们所在的机构有任何方面的问题。到目前为止，也没有一个人因此入狱。似乎那些卷入公司财务丑闻或次级房贷崩溃的人都没有听过杜鲁门总统桌上的"责任终于此"的标牌。领导者们需要有责任感，这是工作本身需要的。我们可以逃避，也可以在艰难的时候找借口，但这样做是有风险的。不仅自己遭受损失，公司也会蒙受损失。承担责任会带来挑战，同样承担责任也会带来巨大回报。正如与其他的道德能力一样，我们这么做是因为在道德上是正确的，并且你会发现这样也对公司是最有利的。

为自己的选择承担责任

个人责任的标志是我们愿意承担自己选择所产生的结果。我们做的每一件事都遵循着因果关系。当我们让某些事情发生时，就会产生相应的结果，通常会是一个以上的结果。我们行动的有些结果是在计划内的，有些却是意外的。无论我们的行为造成什么结果，我们都需要为自己的选择承担责任，包括预期的和非预期的结果。

责任 06

中层管理人员常常处于责任能力的矛盾中，一方面他们需要为下属负责，但另一方面同时要能够满足上司的要求。受挫的中层管理人员时常抱怨他们承担了所有的责任，却没有任何权力。这个抱怨可以理解为"我并不能真的为我的行动负责，因为只是我的老板要我这么做而已"。

责任是一种基本的能力，它要求我们必须为自己做的所有事情负责，即使来自老板、家庭成员和朋友等各方面的压力会逼迫我们脱离责任原则行事。我们都不完美，都能够为没能按照责任原则做事找到合理借口，但责任是没有借口可言的。

没有借口。迈克·曼宁（化名）喜欢打高尔夫。具有讽刺意味的是在他职业生涯早期，对高尔夫的热情将他推到了道德的十字路口。迈克当时的目标是事业有成，并成为一位好的高尔夫球手和一名好父亲。迈克非常清楚如何在事业上取得成功。他也知道要成为一位杰出的高尔夫选手，就必须每周进行足够的练习来提高自己的竞技水平。迈克说："问题是如果我想在事业和高尔夫上都取得好成绩，我就没有时间做个好父亲。"有人给了他一个一举两得的建议——带着孩子去打高尔夫。迈克对此不屑一顾，并抱怨："这样根本不起作用。这样一点也不有趣，而且会有碍于球技的进步。"但思考后，迈克意识到："我说没有时间做一个好父亲，这听起来似乎是将责任推给了时间。做一个好父亲远比做一优秀的高尔夫球手重要得多。如果我想做一名好父亲，我就不得不在时间安排上做出抉择。"刚开始，迈克认为他会放弃高尔夫，随后他意识到带着孩子去打高尔夫是不错的主意。他能够尽情享受高尔夫而不是仅限于全力地提高水平。迈克承认他期望成为一名好家长的愿望超越了对其他目标的追求。只有当他意识到是自己做出的选择时，才会一步一步地朝好父亲这一目标努力。

为自己的选择负责并不意味着盲目坚持一个毫无意义的决定，也不意味着我们必须要求自己做出完美的选择。责任并非是要做出完美的选择，相反，责任是让你做出对自己最有利的选择。一些领导者做事情时会优先将他的工作与道德指南相一致，尽管这会影响到他的晋升或不得不放弃外部诱人的工作机会。Thrivent 金融公司会员服务部高级副总裁吉姆·汤姆森说道：

我留在这个机构的原因是，在这里我的价值观能够得到包容和尊重。我有赚更多钱、赢得更高名望的机会，但是价值观对我决定去哪里工作起到了关键作用。

一些领导者被工作的高薪酬和福利待遇所吸引，但同时也会感到工作角色压制了自己内心深处的价值观。他们可能想要改变，但同时又会被另一种错误观念所引导，认为自己有责任待在现有的位置上。"我既然接受了这份工作，我就应该把它做到底。"一个意识到现在工作岗位不适合自己的领导，往往会通过以下两种方式为自己的选择承担责任：帮助改善组织，使其变得值得自己留下来；或鼓足勇气，以自己内在价值观为导向来换另一份工作。

承认错误和失败

关于责任的另一个重要方面就是，当事情变得糟糕时也愿意承担责任。很多人对人生发展有一种天真的假设，认为当我们在21岁时大学毕业，然后结婚，或找到第一份工作，然后我们的人生就圆满了。还有人会发现事业上的成功会让他们飘浮起来，产生自己确实很优秀的错觉。其实，你在组织中所处的职位越高，你得到周围人的真实反馈的可能就越小。你很容易忘记，自己与大多数初级员工一样也会犯错。更严重的是，你在组织中所处的职位越高，就越容易把权力与完美混淆起来。所以对于高级经理最好的建议是"不要相信你的公关"。在组织中的地位越高，积极地寻求自己弱点的反馈就越重要。

即便你知道自己不完美，也意识到自己犯错了，你也有可能不敢去承认。某些组织文化属于惩罚性的，而且犯错的代价很高。如果你的错误被发现了，那么你可能会担心因此失去被表扬、被晋升的机会甚至因此丢了工作。但必须指出：惩罚错误可以降低人们做出冒险行为的几率，并且对于持续的业务发展是至关重要的。

如果你工作的机构不能接受人们犯错误，我们的建议是你还是尽快离开那里吧。

责任 06

所幸的是，大部分人的工作机构都会容忍我们犯错，尽管他们并不乐意看到我们犯错。更幸运的是，承认错误和失败将更有可能提高，而不是影响我们的领导力声誉。美敦力医疗技术公司高级副总裁兼首席人才官卡洛琳·斯托克代尔的经历可以证明这点。以下是卡洛琳的回忆：

在我职业生涯的早期，我在一家公司从事高级数据工作。刚开始两周时间，由于我在处理数据上面有点才能，于是开始查询数据背后的信息。我发现一项针对公司员工利益的计划存在问题。制订该计划的员工没有问题，但他们缺乏经验。我发现了一个可能会带来巨大损失的严重错误。于是，我把这个情况告诉了首席执行官，同时提出了两个可行的方案建议：第一，公司承担下这数百万美元的失误；第二，告诉员工，公司几周前所做的承诺无法兑现了。他和我都知道信任很难建立，却很容易被摧毁。最终，他选择了让公司来承担损失。这是一个正确的决定，他信守了承诺，做了正确的事情。

现代调查公司的唐·麦弗逊也同样证明了承认错误能够带来积极的影响："一次，我们为一家财富500强公司的高级副总裁们准备了一份报告。我们在首行的数据上出了错。由于我们的失误，结果没有将全部调查数据纳入其中，导致整个报告的蓝图出现严重错误。当然，我们知道如果不告诉他们这个错误，他们也不会知道这份报告是不准确的。但我们不希望他们在错误数据的基础上做决定，所以，我们认为应该毫无保留地告诉他们，并讨论了解决这个问题的一些方案。我联系了负责此次事务的客户，告诉她问题涉及的范围，以及我们可以采取的补救方法。客户们的信任对我们很重要，所以我们必须为这个错误承担100%的责任。我们重作了报告——当然是免费的——我们提交了一份签署的道歉备忘录。如今他们是我们最好的客户，而且客户联系人还是那位女士，她成为了我们的铁杆支持者。"

承认个人错误有利于组织的健康，主要表现在以下几个方面：首先，承认自己搞砸了，可以防止其他人指责你的错误。通常在组织结构中基层员工要为高级经理承担错误，但这样的情况比不公正批评会给员工带来更大的沮丧；其次，承认错误会让员工因为你认错的美德而觉得你平易近人；最后，承认错误传递了一个重要信息：组织的容忍度很大。有句谚语是这么说的："我们都会犯错。错误和失败是通往成功之路的一部分。我们希望你能从错误中学习，今后可以犯新的错误，但是不能重复以前的错误。"通过承认错误和失败，你可以帮助组织营造一个更容易容忍风险的气氛，这将有利于革新，也会带来经济上的效益。

卡尔森公司人力资源部副总裁里克·克莱文特讲述了他在一家财富500强公司担任管理者时的一个故事。某位公司高层业务主管是公司的支柱型人物，他为人正直，但有点缺乏耐心，给人印象苛刻。培训部门向几百位的中高层经理引入了肯尼斯·布兰查德的"一分钟经理人"理念，肯尼斯通过具有娱乐性和启发性的演讲，来说明寻找机会给员工"一分钟"表扬的重要性。不久以后，这位高管又一次对基层经理提交的内容大发脾气。但他很快意识到了自己的错误，并采用书面形式向对方道歉。他发了一个备忘录给这位经理，并抄送给培训人员，让他们联系肯尼斯·布兰查德，并建议在"一分钟经理"原则上再加入"一分钟道歉"。通过如此公开的方式道歉，这位主管不仅承认了他的错误，而且在全公司树立了承认错误的典范。

承认错误是有意义的，不仅在道德上有必要，而且也有实际价值。掩盖错误要花费大量的时间和精力，还常常会使情况变得更加糟糕。玛莎·斯图尔特的定罪和判刑就是一个著名例子。斯图尔特被控不是因为之前的非内线交易，而是罪名更加严重的妨碍司法公正。当美国联邦调查局询问她关于内线交易一案时，他们认为她在抛售英克隆制药公司股票的原因上撒谎了。如果她承认抛售股票是因为她听说英克隆制药公司的首席执行官抛售了自己的股票，她受到指控的罪行就决不会那么严重。

承认错误很重要，同样重要的是不能把承认错误当成是一张"免责牌"。承认了错误并不意味着你可以免除对导致的后果应该承担的责任，更不能神奇地抹掉所引起的危害。大部分人能理解并且避免做出伤害其他人的错误，但很少有人意识到承认错误也可以有好的结果。考虑一下这个例子——一个由有争议的工作关系转变成的错误。菲斯·肖利是一名开朗、积极进取的管理者，但常与她的同事路易斯·德雷珀意见相左，后者是伴随公司成长的经验丰富的管理人员。在一次管理层会议上，他俩都在场。菲斯决定要对一个她认为不道德的计划提出反对意见。她强势地提出了自己的观点，并渐渐地演化为对路易斯的讽刺和对抗。会议后，菲斯感觉很好，自豪地认为自己说到了重要事情，并相信自己的观点很有道理。不久，路易斯走进菲斯的办公室，告诉菲斯自己对她在会议中的行为感到很不安。一瞬间，菲斯意识到她过于坚持自己所认为对的事情，而很明显她的这种对抗性行为已影响到了路易斯和其他团队成员。她立即向路易斯道歉。菲斯承认她应该在会前私下找他讨论自己的观点，因为她事先就知道会与路易斯的想法有冲突。菲斯很高兴路易斯能够直接和她讨论，而不是在背后说自己闲话。菲斯愿意主动承认错误也给路易斯留下了深刻的印象。不再像过去那样回避对方，菲斯和路易斯定期会面，就双方都关心的问题进行讨论。随着时间的推移，他们一度疏远的关系变得越来越密切，工作也越来越高效。

承担服务他人的责任

我们都有责任促进他人的幸福。为什么为他人服务是一种必需的道德能力呢？回顾道德的生物起源，我们来到这个世界，靠着相互依赖才能够一步一步地走下来。如果我们最早的祖先没有生活在一起，帮助同伴生存下来，也就不会有今天的我们。如果我们不能服务他人，那么我们就无法成为具有德商的领导者。服务他人是体现一个人的正直品质的重要途径，也是鼓励他人模仿和学习正直（以身作则）的重要方法。

M&I银行的财富管理集团主席肯·科瑞是责任原则的强烈拥护者：

> 我们都有属于自己的责任。在M&I，我们聚焦于客户、股东和社会。我们对员工的安全和家庭负有责任。从股东角度看，我们意识到他们期望并应该得到回报。对社会，我们要为社会福利、文化以及艺术等做出回馈。这

是一种令人心生敬畏的责任感，我们个人应该慎重对待。责任是商业成功的重要部分。客户显然是最重要的。如果我们不能提供良好的价值、产品和服务，就无法赢得客户对我们的忠诚，也无法吸引到新的客户。

查理·布泽尔带着他的家族走出运输业务的困境时，他的主要动力来自于服务员工和社会的责任。在解释家族计划关闭商店的决定对他造成的困扰时，他补充说："我只是感到这样做侵犯了某些道德边界——可能就是那种在做任何决定时，不能只考虑自己，还要考虑到所有人。"

假设你并不认同相互依赖是与生俱来的这个观点，但积极关心他人的幸福仍然是有意义的。为什么呢？我们都重视个人的幸福，我们都渴望幸福，尽管我们知道这是一种纯粹以自我为中心的感受。对于我们大部分人来说，我们所寻找的幸福不会凭空产生。没有他人的帮助，很难获得幸福。我们中的大部分人是需要通过别人的帮助来获得幸福的。

加里·奥根同意服务本身很重要，但他认为服务别人和服务自己至少是同等重要的。"每次我为别人做事情，这都会让我感觉很好。当我帮助了我的家庭或朋友甚至慈善机构，我会停下来问自己，我是真的在服务他人还是仅仅在满足自己。"

忽视他人需求就会使我们体验不到像加里那样帮助别人时产生的真实快乐。20世纪90年代汽车保险杠上贴着"无论谁死了，只要拥有最多的玩具就是赢家"的广告内容，这是一种迅速消失的快乐，并不是真正的幸福。对大多数人来说，持续的幸福感来自于那些使我们觉得有意义的活动，如服务他人。最近的一项关于长寿的研究发现，为一些公益组织做志愿者服务能延长我们的寿命（实验没有提到可延长的寿命时间）。

承担服务他人的责任也是领导者提升自己在员工中形象的秘密武器。为了事业成功，领导者需要兑现对员工的承诺。鼓励员工为公司工作、发挥自己创造力的最好方式之一就是领导者为员工服务，而不需要用强迫的方式，要求员工尽全力地为组织工作。因为每个人都有与生俱来的、永不满足的自我发展进取心。让

责任 06

他们自主地工作，员工会自发地用能够帮助自己成长和成功的方式来为组织工作。这就是为什么领导者没有必要设置过高目标的原因。公司在绩效管理方面花过多的时间和精力是没有必要的。能够达到最好财务业绩的最有效方法就是领导者为员工服务。当我们为员工服务时，我们要告诉他们以下信息。

我很清楚你们的工作能力远远超过了我们公司成功所需要的水准。所以，我作为你们的领导者，我的工作就是通过支持或帮助来达成你们想做的。我知道你们的工作表现一定会超过我的期望。我的目标是为你们提供资源，帮助你们每个人获得你们想要的成功事业，并获得你们想要的那种生活品质。如果我能帮助你们实现这些目标，那么我们的公司也会发展得很好。我不需要关注数字上的业绩，我只需关注你们和所有员工。我们的业绩自然会很好，因为我们员工的工作结果会超出我们的财务目标。我知道为你们服务是最基本的要求。

仆人式领导的留任价值。想象一下，如果你一直对员工讲你的主要领导工作就是帮助员工达到他们自己的目标。他们会有什么反应？他们会留下来。大多数企业的价值都是来自于有经验的老员工而不是新进员工，因此你服务员工的决定会转换成更高水平的专业知识和绩效表现。因为你尊重员工的目标，他们就会全心全意地尽自己最大的努力为你和你的组织工作。

在阿默普莱斯金融公司，常常鼓励经理花大量的时间帮助理财顾问们发展他们的人生目标，包括事业目标和重要的个人目标。经理被期望能够就理财顾问达到目标所需要的资源给予支持。这种方式帮助公司拥有非常好的留职率和基本的工作业绩。因为公司可以保留较高比率的理财顾问群体，并通过减少人员流动来降低成本。

07

怜悯和宽恕

如果你想别人开心，请怀有怜悯之心；
如果你想自己开心，请怀有怜悯之心。

——达赖喇嘛

宽恕几乎就是一种自私的举动，因为它的最大受益者正是宽恕者本人。

——Lawana Blackwell，《莉迪亚·克拉克小姐的嫁妆》

怜悯能力	·主动关心他人

主动关心他人

作为一位领导者，你对待他人的责任感有时会转变为一种怜悯。积极地关心他人意味着要积极主动地支持他人的个人选择。有时意味着你要和他们一样关心他们自己的目标。甚至有时候，你会发现你比他们自己人更关注他们的目标。阿默普莱斯金融公司的前高级副总裁，现为杜克有限公司的高级顾问迈克·伍德沃

德商2.0版

是一位认真负责的，且业绩极佳的领导者。但在早期职业生涯中，他是一个内向的人，不太愿意和他的经理分享自己个人目标的人。在他老板的劝说后，迈克吐出心声："我真的想花更多的时间和我女儿在一起。我经常和我的儿子一起打猎、钓鱼，但没有花同样的时间和女儿一起，我很希望有更多这样的时光。"然后，新的足球赛季又开始了，而迈克的一个女儿是优秀的运动员。因此迈克安排好了去参加女儿足球赛的时间。但是，迈克那天却被安排去明尼阿波利斯市参加一个国家高级销售经理的会议。会议拖时间了，迈克的老板意识到迈克如果想去参加他女儿的球赛，他就需要提前离开会议。但是迈克依旧没有动静。于是迈克的老板打断了会议说："迈克，你不是要去赶场球赛吗？"迈克回答说"是的，但会议还在举行"。他的老板在这个时刻显示出了对个人目标的支持，说道："现在就去机场吧，回家看你女儿的比赛。"

布瑞恩·希斯是阿默普莱斯金融公司的个人顾问组的前任主席，他身材壮硕，看起来与怀有怜悯心的人相差甚远。而与他体型大不相同的是，他非常富有怜悯心。布瑞恩认为怜悯是对那些无助的人提供不只必要的帮助，更重要的是帮助他们实现希望和梦想。他为自己设定了一个宏伟的目标，但只有在理解受助人希望达到什么目标的前提下才去行动。

加里·奥根是美国国际管理集团教练团队的部门总裁，他也同意怜悯意味着去鼓励人们做最好的自己，相信他们可以达成目标，并为他们提供获得成功需要的途径。加里被纽约喷气机队解雇后的一段时间里，曾执教一个中学校足球队。他的队伍里只有25名青少年，并且还有4名残疾队员。他不确定该做些什么。他害怕残疾队员在训练或比赛中受伤，但是队员们都希望能认真比赛，所以他决定带队参加比赛。加里解释说："残疾孩子总是越位，我们决定解决这个问题。在那些健康队员的帮助下，我们进行了一系列训练，这些训练和足球并没有什么特别的关系。我们在训练中为没有正确完成的人设置了处罚内容。我们非常细心地训练他们，教练团队和整个队伍也都非常富有怜悯心，我们最终成功地将残疾队员的弱点转化成了优点。在那个赛季里，我们从没有出现过越位情况。他们的进步令人难以置信。解决方法是独特的，它让每个人都愿意为这个方法而奉献。"

怜悯和宽恕 07

查理·布泽尔是杰弗森公交公司的首席执行官,他指出怜悯并不是忽视不良行为,有这种想法的人其实是被误导了,有时领导者能做出的最富有怜悯心的事就是让员工对自己的不良行为负责。几年前查理手下有一名高级经理,他在公司里总是我行我素。那个时候公司正处在一个紧张时期,因为公司准备关闭一个部门。查理那种被误导的怜悯之心使他对这位高级经理听之任之。这位高级经理在与员工的解雇谈话时大说公司的决策不好,而且他把每位被解雇员工的不同原因公之于众。后来,这位经理和公司里的一个人发生了绯闻。查理知道后,终于做出了解雇这位经理的决定。如果查理继续忽略经理的不当行为,将会严重破坏员工对他和整个公司的信任感。

三年后,这位被他解雇的经理回来了,他希望和查理有半个小时的见面。结果是他先开始感谢查理。他说当时在查理公司的最后几个月里自己酗酒得很严重,是查理的解雇让他决定清醒过来,并促使他进行治疗。如果查理用不恰当的怜悯支持这位经理,那么他可能需要花更多的时间来得到他所需要的帮助。查理这个时候是什么反应呢?他说:"对于我来说,我做了正确的选择,即使这让当事人当时非常恨我。"

ID媒体公司的琳·范特非常欣赏怜悯之心这一原则,她认为这就是她领导方法中的核心。"我的管理模式是来自于我的母亲。对我而言,在管理方面,母亲的行为模式是完美的。作为一个母亲,要富有怜悯心,会鼓励人,也能宽恕人。想想母亲是如何帮助小孩学会走路的。当我成为母亲时,我变成了一名更好的管理者。"

宽恕

宽恕能力	·宽恕自己的错误 ·宽恕他的错误

这两种宽恕能力的特质常常被认为与"镜子特质"紧密相连。我们很难孤立

地来看其中的一个，但它们却是不同的技能。有些人更倾向于宽恕自己而不是别人，而另外一些人则相反。有的人因为完美主义对自己很苛刻，虽然能够宽容别人，却会紧紧抓住自己的错误不放。有时，我们是对自己最吹毛求疵的人。而其他一些人会更容易宽恕自己，因为他们知道自己的本意是好的。我们可能拒绝宽恕别人，因为我们不相信他们的动机是好的。高效的领导者既会宽恕自己，也会宽恕他人的错误，从而为更好的发展扫除障碍。

宽恕自己的错误

现代调查公司的创始者们为他们的技术自豪，他们觉得开发了一项独一无二的技术。很快，他们与一家财富500强公司签约，同时还进行着其他一些项目，每个项目都有不同的联系人。他们在不同的项目上努力工作并确信他们的结果能打动客户。正当他们对该公司另一个项目竞标时，公司创始人之一唐·麦弗逊接到了来自该公司关键联系人的一个不友好的电话。告知他们已经准备将现在的所有业务交给现代调查公司的竞争对手，甚至都不需要现代调查公司的报价。问题出在哪里呢？唐和他的同事都以为取得成功只要有先进的技术就可以了。唐是负责管理各个项目的，但没有花时间来培养和维护良好的客户关系。那些公司需要更加专注的服务，当他们不能从现代调查公司得到他们所期望的服务时，他们就转向其他供应商了。唐说："我的错误是没有管理好与客户的关系。我们只是想把工作做好，只考虑自己有能力将客户的委托做好，而没有想到要与客户方长久合作下去，我们再也没能让这家客户回心转意。"

唐的合伙人为此感到很沮丧，虽然他们并没有责备唐，但唐还是感到很内疚。他纠结这个错误足有6个月之久。几年以后，当他偶尔想起这件事时，还是会感到情绪低落。但是只有宽恕这个错误才能使唐和他的合伙人们更加清醒地思考如何改变业务上的运营，而这些改变帮助他们赢得了更多的客户。唐说"现在，我确信我们给所有客户提供的服务，正是之前我们丢失的那家客户所需要的服务形式"。

07 怜悯和宽恕

宽恕自己的错误并不是意味着可以为自己所做的不恰当的行为找到借口或者进行狡辩。毕竟，最重要的还是应该为我们自己的行为负责，并不断努力向更好的方向发展。当我们对自己感到失望时，我们必须放弃那些徘徊在大脑里的、消极的自我对话。为什么要这样做呢？当我们只顾着让自己沉浸在沮丧、焦虑或罪恶感的状态中，就没有更多的思维空间帮助我们从错误中学习。如果我们不能原谅自己，我们就会卡在那里，无法学习到新的经验和捕捉到新的机会。

布瑞恩·希斯发现宽恕错误最困难的地方就是首先要承认自己犯了错误（承认错误的责任心）。当布瑞恩从区域副总裁提升到新成立的集团公司副总裁时，他的销售团队业绩正如恒星一般地在上升。而在他到了新岗位的几个月后，他的团队业绩却滑到了低于公司的全国平均业绩的水平。对于业绩从未如此低的人来说，这样的业绩表现是非常令人震惊和沮丧的。他后来才弄清楚到底哪里出了问题，他疏于和现场销售人员直接联系。现在，他不再专注于发展现场销售团队，而是花大量精力来建立一个授权协调小组，该小组负责将布瑞恩与各区域市场团队联结起来，这也是管理结构中的新的组成部分。布瑞恩最后恍然大悟道："我过多地关注到方法，而忽略了结果。事实上，这样的情形持续了几个月，而我却没能看到，并且也不愿意看到。之所以很难释怀，是因为我太过于关注如何着手我的新工作的决定上了。最后，我意识到我需要更多的勇气来帮助我们的顾问和客户。"

在某些行业，经常性地自我宽恕是坚持下来的唯一方法。当加里还是所罗门兄弟公司的一名年轻的职业债券经纪人时，他发现如果不能够很快地宽恕自己在交易上犯的错误，就会变得停滞不前。当他犯了错误后，他必须宽恕自己，这样才有继续做交易的勇气。加里回忆道："我记得有一天，我正在操作市政债券交易柜台。因为一些原因，其他债券市场表现强劲，而市政市场却处于滞延状态。我决定冒险，加大筹码。直到那一天的结束，我才发现国会正在考虑取消市政债券免税资格。我本可以，也应该暂停交易，全力寻找市政债券价格下降的原因。其他的债券行做了这样的工作，而我没有，这让公司损失了很大一笔钱。"问到之后发生了什么，加里回答道："尽管那天因为我的错误使公司损失了很多钱，但我仍然能够宽恕自己，第二天继续工作，后来我们进入了辉煌的一年！"

宽恕他人的错误

IBM的托马斯·沃森是公司的传奇人物，在公司内曾流传着这样一个关于他的故事。一名很有潜力的初级经理犯了个错误，使IBM损失了500万美元。这位初级经理打算引咎辞职，但沃森并没有接受他的辞呈。这位经理很困惑。他对沃森说："我无法理解，我犯了一个可怕的错误，你究竟为什么还让我留下？"沃森回答道："我刚刚投资了500万美元帮你从错误中学到经验，我为什么想要浪费这笔钱呢？"

宽恕他人不仅是做善事，而且对于帮助有价值的员工继续留在公司，并保持高效工作也是必不可少的。卡洛琳·斯托克代尔是美敦力公司的首席人才官，她讲述了自己的一次教训：

就在上周，我的一名团队成员在准备董事会会议材料时犯了一个巨大错误，而这时我们已经把有错的材料发给董事会了。薪酬部的主管发现问题后马上通知了我。我一直在营造一种发现问题就做改正的工作氛围。我们在会议前及时发出了更正表。后来，我私下里找这位犯了错误的女士谈话，告诉她："我已经帮你挽回了错误，其实我也有做错的地方。"我知道她会感觉很恐慌，但是我告诉她："我们会继续前进，你已经在内疚了，你不需要我再责备你了。你会从中吸取经验教训，这样你就不会再犯类似的错误了。"

ID媒体公司的琳·范特也认识到宽恕别人能够带来经济效益：

昨天，我和一位高级雇员坐在一起谈话。我们讨论了一个她没能给予有效指导的项目，以及在这个项目中她与其他团队成员之间的动态关系。如果我指责她的失败，我非常肯定她会立即做自我防御。当时，我意识到了这一点，就原谅了她，并进一步帮她思考自己和他人的关系。我对她说出了我的看法，认为她可能太过专制，缺乏足够的合作意识。同时也立刻表达了原谅她的这次行为，并希望她能反思一下自己的做事风格。她知道我是关心她的，也相信我是真诚的。我们都会犯错，我们承认错误，但不需要指责和防备。我们会继续前进。她也会继续前进。我确信她在下次处理事情时会有不同的表现。

宽恕型领导的观点。想象一下我犯了错误，并且这个错误对你造成影响或者伤害到你。原谅你并不意味着我赞同你的所作所为。当造成严重伤害的时候，宽恕也不意味着我放弃索赔。你还是需要对你的行为负责。当我原谅你时，我相信你可能是好心做坏事（除非你是非常坏的人）。当我原谅你时，我会控制住我的怨恨和怒气，不会让对你的负面评价影响到你是潜力资源的想法。当我原谅你时，我依然会认识到你有缺点，但不会因为你的缺点而以偏概全，我会考虑到在将来我很有可能需要用到你的优势。

如果没有宽恕，人类的生活是无法想象的。如果没有宽恕，与朋友、亲人以及同事之间的亲密关系将无法维持。如果没有宽恕，管理者的组织绩效就会被人为地设置了上限。高效领导将宽恕作为与他的员工相处的核心之一。宽恕型领导给员工传递的信息基本上是这样的：

> 你可能早就知道，我会犯错误，你也会犯错。作为你的老板，有时我会表现得很糟糕，而你们也会不在最佳状态中。如果你不能原谅我无法始终做你们完美老板的现实，就像我不能原谅你们做错事一样，那么我们之间的关系也将失去作用。这不仅会在情感上对彼此造成伤害，也会让我们达不到应该有的表现。如果我们能宽恕每个人的不完美，我们就能把每个人都当成有价值的资源。这将帮助每个人获得幸福，表现出最佳状态。

在前三章里，我们讨论了一些特殊的道德能力，这些道理能力是与我们的生活原则保持一致的。整体说来，我们的道德能力是行为的黏合剂，它可以让一致性模型框架内的所有要素联结在一起。尽管我们是一个个分开来讨论的，但我们会发现各项道德能力不可能单独存在。各项道德能力是彼此重叠的，因为这个世界的普遍原则本身就是重叠的。很难想象有人诚实但缺乏责任感，有人富有怜悯心却不会宽恕。我们的各种道德能力是相互协作的，从而使我们每天的行为与我们的理想，以及希望达到的目标保持一致。我们每个人的道德能力中都有相对优势和相对劣势。我们拥有的道德能力越全面，我们的生活就越有一致性。我们的生活越有一致性，我们就会越幸福，并且在组织中的表现也就更加高效和成功。

08

情　绪

通常，我们知道要做正确的事（使用道德指南），并且也知道如何去做（使用道德能力）。什么妨碍了我们做正确的事呢？道德挑战常常会使我们情绪紧张。那么，如何用一种积极的方式来管理我们的情绪呢？本章将探讨情绪智力是怎样加强我们的道德智力的。通过两者的共同行动，我们的情绪和道德能力使我们严格地遵从人类普遍法则，并获得更强大的道德智力。

回想那些影响我们保持一致性的各种可能的障碍，当破坏性情绪和道德病毒威胁我们时，情绪能力帮助我们坚持价值观。情绪能力对道德来说并非必需，但情绪能力却是成为道德智慧领导者的必要条件。

基斯·莱恩哈德是 DDB 全球公司前董事长，他说了这样一个故事：

记得当我的老板决定我作为他的继任者时，我很兴奋。但却存在一个问题，因为所有人都觉得查理会获得这个职位，并且他自己也为此做好了准备。所以，我的老板决定为查理创造一个新岗位，并告诉他获得了提升。这样，就为我能顺利继任老板的工作扫清了障碍。当我任职后，老板将会找机会解雇查理，我不能接受这样的事情。我告诉老板查理一直对我很坦诚，我不能这样对他。我认为老板如果对查理坦白一些会更好一点。我甚至引用了一些他本人关于诚实的公开声明。最后，我的老板还是对查理坦诚相告，事情最终也有了一个完满的结果。

对于基斯来说，让老板按原计划提升他是非常诱人的。基斯本可以安静地站在一边，看着老板通过提供一个虚假职位给原定的继任者，来扫清他升职道路上的障碍。基斯想要得到这份工作，他知道他可以得到，并且不需要为边缘化查理负责。他所需要做的只是保持沉默。但是就像他想得到这个职位一样，基斯也知道他的诚实正在经受考验。所以，基斯就跟老板说，如果他获得这个职位就意味着要不公平地对待查理，那么，他宁愿不接受这份工作。一些擅长玩弄权术的人可能就不会这样来思考。但是，基斯并不傻，他给老板提供了一个能够保持双方价值观相一致的方法来处理查理这件事。如果基斯不使用符合道德和情感的技能来获得晋升的话，那么他向前发展的目标很容易使他越过自己的价值观。基斯需要具备一种道德能力，能使他的行为与价值观保持一致，并愿意说出真相。同时，他也需要具备识别两种互相冲突情绪的自我觉察的情绪能力——他对该份工作的强烈渴望和因查理被不公正对待而带来的不安感。在对老板处理查理的方式提出挑战时，他需要有一种信心面对老板的负面反应。他需要通过互相理解的人际沟通方式来说服老板用一种道义上合理的方式来处理查理这件事情。

自我觉察

在每一个清醒时刻，我们都通过一个所谓的"经验三角"，即思维、情绪和行为来面对这个世界。不管发生什么，我们总会*思考、感受和行动*，并且这些都是同时发生的。很多领导者或决策者往往会更倾向于使用其中的一种来决定。有的人是思考型的，他们依靠逻辑和想法来做决定；有的人则是感受型的，他们倾向于依靠情绪来做决定；还有的人则是行动型的，他们通过想去做，并采取行动来应对问题。关于工作风格的一项研究发现，美国的商业领导者们更加倾向于思考型和行动型，而不是感受型。这不是说他们不知道自己的感受，而是在表达自己感受时会很不舒服。为什么会不舒服呢？在讲英语的文化中，认知思维的产物受到高度重视。我们不会怀疑思考的力量。我们的思考会影响我们的感受和行为。但是情绪也具有同样的力量。强烈的感受会影响我们的思维和行为。恐惧会使我们不知所措、愤怒会使我们做出强烈回击、乐观会增添我们勇气。生活中的经验三角是无限循环的，思维、感受和行动不停地相互影响。

不论你是否注意到经验三角，周围的人都会从你外在行为上看到你的经验三角。周围同事看到的你和他们对你的理解，都会对工作中的人际关系产生重要影响，这种影响可能产生好的结果，也可能导致不好的结果。如果周围的人不知道你的想法（思考和感受），他们就很容易对你的行为产生误解。如果你想成为一个有效领导者，你需要让你的同事准确理解你的意思，并且明白你这么做的原因。如果没有自我觉察的能力，你将不能了解自己，对自己在同事眼中的印象也全然不知。如果你没有察觉到自己的感受，你将任由他人摆布。如果没有自我觉察，你的自我调节能力也将受到极大限制。在第9章"做道德决定"中，你将学到一种提升自我觉察的系统方法，从而帮助你做出最佳的道德选择。

现代调查公司的唐·麦弗逊现在情绪很激动，因为今天早些时候，他向一个新客户展示软件时出了问题，没有演示成功。"我对研发部同事的要求很严格，我销售的产品是由他们研发出来的。如果技术上出了问题，会让我很失望。因为我需要负责消除演示失败给客户带来的负面影响。虽然我在客户面前非常专业地解决了问题，但回去后对我的同事我将会大发雷霆。"唐停顿了一下，靠在椅子上继续说道，"后来我反思了我的行为，我应该告诉他们今天我遇到的情况，现在我相信我可以处理得很好，并且不会责备他们。我知道他们可以解决软件问题，而且实际上展示软件出现问题也不是一个大事情。有时候软件本身是很复杂的，发生错误也是很正常的。"

唐的故事向我们证明了自我觉察的力量。他注意到因技术问题而迁怒于同事和责备同事是他的一种典型反应方式。但是，这一次他反思了事情的经过，并意识到自己的挫败感。他有时间将真实的感受与接下来发生的行为隔离开来。这种在反应和行为之间的自觉停顿使他有了很大变化。它使唐有机会建设性地和同事们讨论展示软件失败的问题。他甚至改变了对这件事的态度：不再因为必须处理问题而觉得"我太倒霉了"，而是以一种现实和乐观的态度来看待技术问题。这时的自我觉察会减轻个人压力，并与同事建立良好的关系。

识别感受。在紧要关头做出道德抉择时，自我觉察是必不可少的。现在让我们一起来回忆一下基斯和他的晋升事情。基斯一方面为即将升职而兴奋，另一方面因为可能会影响到可信任的同事而不舒服。基斯的这种自我觉察使他能够以一种产生积极结果的方式与他的老板沟通。如果没有自我觉察，基斯对晋升的渴望会盖过自己的任何道德感。如果没有对同事痛苦的感受，基斯会用巧妙的方式视而不见，他只要保持沉默就行。如果基斯和查理的情绪可以在决策过程中分析出来，那么基斯的晋升会受到道德上的质疑，并对基斯的信用造成损害。所有的商业决定最后都会被人知道。基斯和查理的同事会知道查理被操纵了。查理最亲近的同事们会憎恨基斯，即使他不需要为查理的糟糕运气负直接责任。

内在感受影响外部世界。觉察到内在的自我感受是一种极其重要的能力，这种能力可以帮助你为员工营造一个更积极的工作氛围。情绪是可以感染的，你需要不时地关注自己的感受，使你表现出来的精神状态稳定良好。员工们不需要每天猜测领导者的心情，领导者可以从员工的工作中收获更多。如果一个领导能让同事免于受到他的消极情绪的影响，那就意味着他为同事们创造了释放更多创造力的机会；否则，员工们的创造力就会被领导者的焦虑情绪抹煞掉。

理解自己的思想

聆听自己的想法，你会意识到自己在不断地和自己对话。当你在上班路上，身边经过一辆雷克萨斯，你就会想要是自己也能有这样一辆车该多好。你在红灯前停下，然后在红灯变成绿灯后，你加速前进，但有人阻碍你的加速，你会在心里咒骂说"真是个混蛋！"这些持续的内在交流通常被称作自我对话。不管我们是否是独自一人，我们的头脑中总是充满了想法和态度，这些想法和态度通过自我对话的内在语言表达出来。自我对话对我们的情绪和身体状态有重要的影响，思想的力量是强大的。我们会在想到失去的亲人时流泪，我们也会在想到上次的度假而微笑。我们不会决定要笑还是哭；但我们会根据思想的内容自动做出情绪的生理反应。

高效的领导者能够清晰地意识到自己内在的想法。艾德·佐尔是美国西北互助公司的名誉主席，他总是很关注自己的感受和反应。"我有时不得不从客观现实中将它们分离出来，因为对现实的感受和真实反应会有很大差别。"

我们需要理解我们的思想，以便监控和管理我们的情绪和生理反应。我们的想法不是胡乱的、随机的，我们也不会任它们摆布。就如将在下面一章看到，你可以选择你的思想或想法。当你改变你的想法时，所有的事情都会变得更好。

> **时间调谐：自我觉察的检查**
>
> 每天挑几个时间段来进行一个思维检查，问自己如下问题：
> - 我现在在想什么？我对自己说了什么？
> - 我对此是什么感觉？兴奋、沮丧、平静还是烦闷？
> - 这时我的身体状况怎样？呼吸如何？嘴巴闭合了吗？饿了还是渴了？

个人效能

我们并不是为自己的利益来培养自我觉察能力，自我觉察为我们管理自己和情绪提供了基本资料。顺便说一下，管理情绪并不是意味着尝试不去感受，否认伤害，或甚至是屏蔽一些强烈情绪感受。我们并不打算成为没有情绪的机器人（如《星际迷航》中的斯波克先生）。正因为是人，就会感受到不舒服的情绪。个人效能帮助我们有效地疏导情绪，从而使我们更稳定地保持一致性。目标不是增加我们的情绪觉察能力和情绪处理技能本身，而是提升能达到更稳定的一致性和道德智力的能力。个人效能包含所有在面对强烈情绪时能使我们表现得更好的技能，包括：

- 改变那些会引起沮丧情绪的自我挫败的观念
- 决定在逆境下表现得更为优异
- 当事情的发展偏离正轨时，做好应对准备
- 照顾好自己，从而可以更好地处理压力情境

决定思考内容

如果你的想法都是自我批评的，你会发现你的情绪也是消极的，身体是绷紧的，你也不能展现出自己最好的一面。如果你花几分钟的时间，用自己真实的自信代替自我批评的想法，你的情绪会上扬，身体会放松，工作表现也会有所提升。消极的自我对话会导致失败，而积极的自我对话则会使你放松并表现出最好的自己。需要警示的是：我们并不提倡只做积极的自我对话，而忽略恐惧和失败。消极的想法是真实存在的，我们需要认真的对待。不管我们所处的情景有多可怕，真实的积极自我对话是让你的身心高效表现的最佳方法。如果我们认为自己不能跑马拉松，我甚至都不会去尝试了。现在想象一下用不同的想法来代替这个观念——"如果我刻苦训练，我敢打赌我可以完成马拉松。"我们的新想法让我们觉得最后能跑到终点。为什么呢？因为现在已经有了为赛跑做准备的动机。

你将在第9章看到，当你在有道德挑战的情境中，你会想起你的原则、价值观以及信念。关于信念的自我对话能帮你抵制破坏性的情绪，而这些情绪会让你的行为远离你的道德指南。当 Tatums 公司的洛瑞·凯泽在困境中寻找方向时，她思考了自己生活的三个原则："第一，如果我不说，没有人会帮我处理。第二，'永远永远永远不要放弃！'这股韧性在商场中是非常重要的。第三，引用一位存在主义哲学家阿尔贝·加缪的话，那就是'在冬天最黑暗的日子里，我的内心犹如永恒的夏天'。"

洛瑞回顾她的生活原则的实践证明了有意地打断消极思考或消极感受的意

义。当我们思维变得清晰时，就做好了解决问题的准备。我们可以问自己，"我需要思考什么来表达我需要的？"改变自我对话会带来额外的价值。当我们将内在的消极想法转变为积极想法时，任何情绪和身体上的不舒服都会随之减轻或全部消失。

自我控制

高效领导者通过自我控制来保持自己与道德的一致性。大多数成功的商业领袖都会从他们的经历中得出结论：情绪失控给他们的自尊心、名誉以及公司业绩带来危害。埃伦是一家医疗机构的主管，她很明白情绪控制的重要性。"在我的职业生涯中我只对别人发过两次脾气。盛怒之下，我感觉到自己是如此的不公平，我感觉自己是对的。但实际上，我违反了我的道德准则——我没有用自己希望被对待的方式对待他们。当然，他们对待我也很糟糕，但是这些都不能成为借口。总之，我们之间的关系受到了破坏。问到埃伦从中学到了什么，她说："当我真的生气时，我现在知道了要对自己说，'我需要一些时间来思考；让我们明天再谈这件事'。我还学到了当我决定要做什么之前，我可以向与此事无关的人寻求建议。"

一个情绪能力高的领导者知道什么时候不能相信自己的反应。一名市场部高管谈到自我控制时说道："我想通过练习自我控制来掌握自己的情绪反应。几个月之前，我们部门有个空缺职位，并知道在别的部门有一个人非常适合。我准备把他调过来用，但是他的老板却对我说'没门'。我的第一反应是，'好的，下次我也会这样对你'。但后来我的自我控制能力发挥了作用。我知道报复并不是好的选择。"

改善情绪健康

领导者需要情绪储备，以便有效地处理来自道德方面的挑战。如果没有基本的良好情绪感受，要妥善管理好压力情境是很困难的。你不能期望在你情绪油箱枯竭的情况下还可以很好地进行道德领导。如果别人不尊重你的生活方式，你也不要指望自己的道德能力可以影响到他们。丹·马文（化名）是一家大型零售企业的首席执行官，他向我们讲了一个失败的管理者的故事：

> 最近，我解雇了我们的首席执行官。他可能是我见过的最聪明的并且是最努力的同事。他也是我唯一提醒过不要太过拼命的员工——当然，我也从未成为平衡好工作和个人生活的模范。他每天早上9点到公司，凌晨1点离开公司。当他回家的时候，他妻子要起床为他准备晚饭并和他聊一个小时的天再睡觉。这两年里，他从来没有和他的孩子去看过足球赛或棒球赛。他也从没有尽到丈夫的义务，在妻子生日和他们结婚纪念日的时候，他也只是提前到晚上11点回家。同事们不喜欢他这种生活和工作方式，因此也讨厌和他一起工作，他会在晚上10点打电话给同事。最后他下面有三个副总裁都离职了，尽管他工作时间很长，但他真的没有做到很好，还让他的家庭和婚姻处于危险之中。

平衡。最好的情绪滋养物之一是平衡的生活。平衡意味着在大多数情况下你能把投入在各个生活方面的时间和精力保持在一个平衡状态中。你通过把个人资源——时间、精力和金钱，合理地配置到你生活的各个领域，从而建立起平衡状态。创立平衡没有什么规则可循。只有你自己可以决定把时间和精力花在哪里，要花多少，只有你自己知道生命中的每个阶段所追求的是什么。

人力资源专家朱迪·斯高格兰德是第一位在阿默普莱斯金融公司兼职工作的专业人员。她是女性员工的榜样，她的工作效率非常高，这让她可以花更多的时间在家庭上面，而不是只顾工作。现在，朱迪在做一项没有报酬的工作，她教导女人如何管理好自己的职业生涯。她说："我不再称呼它为工作生活平衡，我把它叫工作生活幸福。人们没有必要关心平衡，他们需要的是幸福。"

不是只有女人关心她们全部生活的质量，男人也会同样关注。以弗兰克的例子来说，他是一个成功的经纪人，年薪超过20万美元。尽管弗兰克的工作很辛苦，但他非常看重家庭时间，他每七周就抽出一周时间出来和他的家人过着不受工作打扰的生活。他的日程安排得很有条理，他开始考虑每五周就抽出一周时间与家人共度。就在他计划减少自己工作时间的同时，他开始了一个新的商业合作，这一新的项目需要他保持当前工作日程的安排。弗兰克对新项目很兴奋，但他想知道他是否能按原计划花更多的时间与家人相处。我们对此持乐观态度，我们认为他做了这个决定是因为他已经达到了平衡状态，他的工作和家庭生活都将以一个对双方都有效的方式保持着平衡。

　　美国艺康公司的道格·贝克为了使自己的时间支出与自己的价值观保持一致而拼命工作。"家庭、婚姻、职业和朋友对我都很重要，但我很少有时间能都一一照顾到。所以我在朋友身上花的时间最少。我每年可能只有三次和好朋友一起去打高尔夫的机会。朋友们会叫我去打两天高尔夫——我想去，但却不能去。因为我需要在打高尔夫和看我的孩子之间做出选择。"

　　尽管建立平衡很重要，很多管理者，尤其是高管却经常会忽视这一点。公司可能会口头上说要员工注意工作生活平衡，有些公司还会提供弹性工作时间或家庭友好服务，以此提高员工的留职率。但是美国企业中的领导者很少意识到鼓励员工保持工作和生活平衡会给公司效益带来的积极意义。如果他们真能意识到的话，那么增强员工生活工作平衡的策略，就会变成强制性的，而不只是被动接受了。

　　那些支持员工保持工作生活平衡的公司很快看到了商业回报。他们的这一提倡，吸引了高工作效率的员工，他们在各个岗位上都工作得很出色，也很开心。这些工作生活满意的员工创造了优异的成绩，这些成绩与花在工作上的时间相对独立（或不成正相关关系）。美国运通有着令人羡慕的金融业绩历史。公司拥有大约80000名员工，其中有些人毫无疑问是工作狂。但是美国运通的高管认为在公司里多数人是工作狂的商业模式是不合理的。公司的商业模式是建立在员工应该关心自己的生活胜过关心工作这样的理念基础上。美国运通的员工都是精力充沛的，因为他们知道公司意识到员工也有自己的生活，并且公司领导是真心希望他们的生活是成功和幸福的。通过这种方式，公司也确保了他们的员工在工作时"是全身心投入的"。

为你的情绪充电。 你是你自己最宝贵的资产。当你优先考虑你自己时，留给自己一点时间就变得很重要了。例如，身体健康是情绪健康的关键因素。有氧运动会让大脑释放出与快乐感受和幸福感有关的化学物质。运动对情绪的重要性来自于医学研究发现经常的有氧运动（如快走）对减轻中度抑郁的症状是很有效的。当你做你喜欢做的事，而不是那些你觉得对你好的事时，你的情绪状态也会得到很大的改善。日常的放松练习能明显地提升身心健康。医学研究强调有计划的放松是有好处的，它能降低血压、快速治愈并拥有更强的疼痛忍受力。赫伯特·本森博士在他的常年最佳畅销书《放松反应》中向我们提供了一个达到放松状态的简单而有效的方法。就像我们每个人的一生都为不同的平衡在努力，每个人都有不同的方法促进放松。许多人发现深呼吸和冥想在使身体和心情冷静方面很有效，但有的人却觉得冥想做下来会让人发疯，因此更愿意选择瑜伽、按摩或饭后散步。无论如何，重要的是选择一些能帮助你的身体、思想和精神充电的日常练习。

为高绩效管理情绪。 在这里讨论的自我觉察能力和个人效能是协同作用的。管理情绪意味着召集所有的情绪资源来管理好工作和个人生活的资源竞争问题。我们中的多数人都不会达到绝对的绩效高峰，不管我们是如何感受的。但是，我们越多地练习自我觉察能力和个人效能能力，我们就越能超越自己，并且就越能使自己的行为与普遍的道德准则保持一致。不断地体会情绪挑战，对提高绩效非常重要。你不能控制在一天里会发生什么事，但你可以预想，可以做好准备，可以准备好成功。就像古语云："机会之门总为有准备的人打开。"有效地应对情绪能使你避免情绪的干扰，确保你的行为与目标、信念保持一致。

人际效能

个人效能技能如决定想什么和自我控制对提升道德能力具有明显帮助。我们都知道我们需要情绪控制能力来做正确的事。但是，为什么我们需要人际交往能力来保持道德能力。我们如果想为别人服务，就需要理解别人。要做到怜悯或宽恕别人，我们就需要能够站在他人的立场来看这个世界。人际效能是领导者不可缺少的领导工具。领导者很少自己动手，他们主要依靠那些精力充沛、才华横溢且有责任心的人来工作。我们如果想影响别人，必须理解别人复杂的情绪世界，并用能够采用满足他们情绪需要的方式与他们沟通。

美国西北互助公司的艾德·佐尔知道这个道理，"如果你忽视了自己对别人的影响，就容易会伤害到别人。所以你需要做出适当的反应，这意味着你开始意识到你会影响别人了"。

共 情

共情是一种"好像"的心理状态，在这个状态中你好像就是别人，你会以别人的立场来体验具有挑战性的情境，就如同你带上一对虚拟耳机，能够立即体验到别人的情绪状态一样。共情对于道德能力来说非常重要，它能抵消干扰我们保持一致性的有害情绪。以大学校长詹姆斯·诺威尔为例，当詹姆斯既是副校长，又担任人文学院系主任时，他发现自己所处的位置很尴尬。当时的校长在任命时呼声很高，但结果发现他实际上缺乏能力，不能应对学校所面临的挑战。董事会为此很失望，就转向了詹姆斯，希望他能取代校长解决学校面临的问题。詹姆斯回忆道："对董事会来说，他们解雇现在的校长，让我来取代是很简单的事。但我知道这位校长花了很大力气想把事情做好。我可以从他的角度思考，所以决定放弃这个机会，拒绝董事会解决问题的建议让我把自己的野心放在一边，希望他能够得到公平的对待。"

共情，冲突的解药。当我们和别人发生冲突时，我们最后往往可以做的事情是从别人的角度来考虑问题。尽管如此，共情依然是管理冲突的强有力工具，它能促进冲突双方产生互利的结果。想想经验三角中的情绪、思想和行为。如果你在工作过程中和同事发生了冲突，你的头脑可能主要充斥了消极情绪，无法正常的思考。如果没有共情，你会受限于自己对现实的主观臆断。如果你只看到冲突中自己这边的情况，你会非常生气。你会决定不惜一切代价赢得这场战争；你会尝试报复；你会进行伤害他人的指责——所有这些的行为都是与道德指南相矛盾。同样，这些行为也会影响你作为优秀领导者的声誉。

当你有过从别人的角度看待冲突的经历后，你就很有可能在今后会继续沿用这种方法。进一步你会同时考虑自己的感受和他人的感受，这样你会把问题思考得更加清楚，并且也更有可能做出与道德指南协调一致的解决冲突的方案。同时，你帮助员工处理冲突，使其保持一致性的能力也会得到提升。共情既有宽容也有怜悯，如果你可以想到别人是怎么想的，你会理解他们为什么那么做。有了这些理解，你会更加乐意原谅别人的错误，并帮助他们达到目标。

错位怜悯

对别人生活状况的共情常会激发我们去帮助他们的愿望。重要的是要区分是因为理解了别人的世界后伸出了援助之手，还是在别人的需要或要求下提供的帮助。我们很有可能在因为共情而对别人太过关照，但这样的关照也许是没有必要的且也无效的。帕姆·莫雷特是 Thrivent 金融公司策略发展部门的高级副总裁，她向我们展示了如何在不损害公司业务的情况下对员工进行共情。当两家公司合并组成 Thrivent 金融公司一家时，帕姆决定将分散的员工集合到一个办公地点。尽管帕姆共情员工的感受，仍然有一些员工因为变动感到沮丧，但帕姆坚信有必要将员工们并在一起。虽然她对员工的共情没有改变她的商业决定，但她采取了软着陆的形式，使转型期比其他公司持续的更长。

倾听。领导者常常因为做决策、采取行动、成为专家，以及发表讲话等受到鼓励。如果领导者更倾向于那种被动的倾听方式的话，那么，他们在执行这些行为时就会变得非常困难。听别人说话也许是被动的，但是积极的倾听则是一项需要集中精力和情绪智力才能实现的技能。Thrivent 金融公司的帕姆说，"积极倾听是一项非常强大的个人技能。如果你给别人提示他们的重要性在你的清单里只能排到第四位……例如，你可能要取消一个私人会面或处理完一封邮件才能约见他们……这样就会给你们的关系带来负面影响"。为了约束自己在与他人相处时同时处理多项任务的本能，帕姆和他的直接下属建立了一个非正式的约定，他保证在和他们一起的时候会全心全意。当他约见他们时，他努力避免自己坐在她桌子的后面，不会张望窗外或秘书，或快速地游览电脑。帕姆说，这些约定让他不会伤害到谈话者的同时也避免丢失一些重要的信息。

关注地倾听对于道德能力来说是必不可少的。仔细地倾听显示了你对别人的价值观、信念、目标和情绪的尊重。有技巧的倾听使共情成为可能，因为这成为你提供怜悯和宽恕他人的依据。有时人们的语言内容只是表达出很少一部分真实的意义，人们真正想表达的意思往往是通过他们说话的声调和身体动作（"肢体语言"）传递的。这就是为什么积极倾听比被动接受语言更重要的原因。如果你能接收到全方位的系统信息（从语言、声调到肢体语言），你就能了解他人的真正意思。假设你在工作过程中接到一个电话，说你女儿生病了，需要从学校接走。就在你冲出办公室的时候，你的老板说道："又要去接你女儿吗？"我们先不管老板说这话的声调，这句话本身只是要确认一个信息而已。但是你感受到了他说话的方式，这种说话方式与文字联系到一起就代表了一种观点。她的声调暗示了她认为你是丢下工作而要去接女儿。仔细倾听可以让你觉得老板没有因此而不开心。但是，积极倾听会达到更深的效果，可以探寻到老板真正要表达的意思，而不是简单地假设你已经对老板的态度做出了正确的判断。如果你的老板只是简单地询问信息，那么你就不必对她的话而焦虑了。如果她真的生你气了，你确认了这一判断，那么你就得找机会解决问题，使你们彼此依然能相互理解。

通过倾听理解三个框架的内容。积极倾听通常用于发现潜在的情绪信息。但是好的倾听可以提供所有三个框架的信息。重要的是，听的方式能够让你发现他人的价值观和目标。如果你的倾听只是为了获得情绪信息，你可能会丢失那些能帮助你自己和他人保持彼此理解的提示。如果你只是简单地倾听别人的情绪，而不理解他们的价值观和目标，你就不会知道他们是否真的能够理解你。

尊重别人

我们总是喜欢和那些我们喜欢的或与我们趣味相投的人一起工作。但是我们也必须与一些我们不喜欢的或观点不合的人一起工作。因为我们每个人不能完全了解对方，只看到真相的一部分时，才会对别人产生不尊重的态度。我们认为自己掌握了所有事实根据，所以当有人反对我们时，我们会认为对方是错的。当我们意识到真相可能有很多面，我们不能看到所有的面的时候，就会尊重别人了。我们的世界观必然是不完整的。没有人会在人生的大舞台里拥有可以有全方位视角的完美座位。当意识到我们的视角是有局限性的，我们就会尊重那些与我们意见相左的人了——我们可以透过他们的观点去了解我们无法看到的事情的一面。

尊重是让不同背景、观点、习惯的人一起工作的黏合剂。具备道德能力的领导者知道鼓舞那些他所尊重的人。尊重是一个复杂的技巧。它不只是简单地表达对人的欣赏，因为那些人提出了让你喜欢的创意；也不是假装"有礼貌地反对"别人。尊重来自我们对他人理想自我的欣赏。当我们说我们尊重某人时，我们真正说的是我们意识到了对方的一片好意。当我们尊重别人时，我们和他们的理想自我建立起了关系，这种关系是积极的，并且是独立于我们对当前观点和行为的判断的。我们对他们美好意愿的尊重成为我们一起工作的基础。当你尊重你的同事时，你的同事很可能会告诉你一些重要的事情从而帮助你们双方获得成功。这个同事虽然可能是你不喜欢的，但他能看到和你看到的不一样的世界。当你真心地尊重别人，而别人也感受到来自你的尊重时，别人才可能认同你的观点是有价值的。

我们很难一直与那些令人讨厌或执迷不悟的同事保持好的关系。但是如果你动用共情和倾听的能力，就可以一直保持尊重的态度。如果要知道别人头脑中想的什么是完美的，那你就需要去倾听、去观察。当你参观同事的办公室时，你看到了什么？哪里有什么？哪里没有什么？那些家庭照片、奖杯或者艺术品暗示着你的同事关心什么。你可能不同意他们处理客户问题的方法，但是你对其理想价值观的了解会帮助你以尊重的态度和他们进行商谈。

尊重差异。想象一下，你雇佣了一个和你有很多共同想法的团队。你喜欢他们的想法，他们也喜欢你的想法。员工会议也是轻松愉快的。决定做得很快，你也对这些决定很有信心，因为有如此多的人支持这个决定。当你是对的时候，一切都很好。但是因为你与同事存在同样的盲点，不久你犯了本来可以避免的大错误，或你失去了一个重要的商业机会，而这也本可以用多样化的观点避免的。

只有很少的领导者会有意地雇用和自己类似的员工，大多数领导者都理解差异性的价值。但是，在受情绪控制的情境中，很容易过分依赖你最信任的人的观点——你自己的观点。这就是为什么你必须有意识地培养欣赏他人观点的习惯。因此，你需要勇敢地挑战自己的观点，同时从别人的观点中寻找智慧。

通过这些，你会发现差异的存在会带来更大的协作机会，会使同事们创造出远比他们单独工作时更大的成就。

当理财计划服务在20世纪90年代年兴起后，多数理财顾问都是通过销售金融产品，如股票、保单等获得报酬的。行业评论家指出理财顾问会受到佣金的诱惑，而倾向于向客户推荐那些有利可图的产品，即使那些产品并不能帮助客户获得最大利益。马丁·利维（化名）是一家金融服务公司销售部的部门副总经理，他强烈反对那些为提高他们理财计划收取佣金而向客户推荐产品。马丁认为理财计划应该是一个自由的、建立关系的行为，这些行为应该能体现销售人员的能力，并为接下来销售金融产品做好准备。后来有一件事影响了马丁的这一观点。杰瑞·马斯特斯（化名）是他的一名销售经理，他支持理财计划也要收取佣金。随着时间的推移，马丁决定和杰瑞谈谈，"如果这是一个好主意，我必须找出杰瑞支持这一方案的证据"。马丁给机会让杰瑞说服他。杰瑞阐述了关于提供客观理财计划建议收取费用的重要性。当客户为那些客观的信息付费后，客户会在财务咨询中感觉到因为付费我们就会对他们忠诚，并增强对该信息的信心。杰瑞也给出了其他例子，包括以受人尊重的专家姿态出现的医务人员。他们拥有关于身体的知识并因此收取费用。最终，马丁被说服了。因为他尊重杰瑞，并且学会倾听不同的观点。马丁放弃了强烈的个人偏见，为新产品清除了障碍，并在第二年为公司带来了巨大的收益。

与他人相处

因为领导者需要他人来帮助实现目标，他们必须与人交往。共情、倾听能力和尊重是那些能够与他人和谐相处的人的特质。那些与人和谐相处的领导者们还具有其他四种特质：他们从内心里对别人的生活感兴趣；他们坦率、平易近人；他们能灵活地适应别人的选择和需要；他们欣赏人们之间存在的差异。我们都喜欢那些善于与人相处的人。因为我们喜欢他们，我们更容易认可他们的观点并与他们合作。所以，个人的喜欢程度是道德能力一个总资产，因为当我们需要别人来帮助我们做正确的事时，尤其是一些困难的事情的时候，那些喜欢我们的人会更加容易地主动加入我们。

平易近人。同事之间积极的人际关系能够极大地促进大家对工作的投入，并激发更多的创意。很明显，好的领导者是需要平易近人的，但令人吃惊的是领导者经常让自己显得遥不可及。有些领导人习惯于与员工保持距离，这已成为他的个人风格了。还有些领导者因为超负荷工作，而不自觉地忽视与员工的交流。当管理者升职后，他们身上会发生自己看不到的变化——他们离办公室越来越远或多数时间用来旅行或与别的高级经理开会。即使你从事的领导角色正承担着巨大压力，花时间营造与员工间的温暖和亲切的关系也是非常重要的。我们都读过提倡"开门政策"或"走动式管理"的书，这些都是简单的技巧，但在实际操作中，却能发挥很大的作用。

想成为一个平易近人的领导者，你首先要愿意分享你的道德指南——你的原则、价值观和信念。你还可以分享你的个人爱好和小缺点让你更加平易近人。你会在周末玩摇滚吗？你有在教堂唱诗班里唱歌吗？又或者你喜欢修理汽车吗？分享你的兴趣并了解别人的兴趣可以为好的工作关系做准备。

平易近人并不是意味着"说出所有的事"。我们每个人都有一些不能与他人分享的隐私。平易近人也不是让你毫无拘束地乱说。因为平易近人是形成积极、高效工作环境的重要因素，因此你需要主动帮助他人，让他们在你身边感觉到舒服。

灵活性。人们在与别人相处时不能被自己的一些事情绊住手脚。不管你是员工还是领导者，你的成功是依赖于是否愿意让别人提出关于工作的建议。你也需要接受那些在工作过程中会影响任务完成的变化。如果你的队员本来要去做一个重要的演讲，离演讲还有 11 个小时的时候，他却患了喉炎，需要你代替他去，你该怎么办？你如何应对员工希望在接下来几周在家工作的请求？如果你的老板让你负责一个你觉得公司根本不关注的项目，你该怎么办？见招拆招并不总是能让你得到你当时想要的，但是，就长期而言，这会巩固与员工之间的重要工作关系，帮你培养出解决不可避免的问题的新方法。

享受差异。那些拥有积极人际关系的人常常和不同社交网络圈的人交往。和我们喜欢的人交往很容易，但如果我们只限于和喜欢的人交往，我们就缺乏情绪技巧，有人际偏差了。

欣赏差异性不只是尊重或看重别人的不同观点，它是一种享受差异的能力，享受那些存在于我们之间让我们变得有趣的差异。那些与别人和谐相处的人很少会去忍受差异；相反，他们会觉得很充实，因为能接触到不同背景的人，这些人都有独特特质，持有不同的观点。

09

道德决策

  罗格·阿诺德是添富集团的执行副总裁及首席销售官，添富集团总部在美国明尼苏达州的明尼阿波利斯市，是服务于美国中西部地区的一家金融顾问公司。罗格回忆起若干年前面临的一个两难困境，当时他负责在全国范围内把产品销售给一家大型金融服务公司。他手下有一位业绩辉煌的区域经理，我们姑且叫他山姆，运用令人质疑的销售手段去拉动收益。山姆的手段并非不合法。罗格甚至不确信这种手段是不道德的。但在内心深处，罗格还是觉得山姆的手段是不对的，不是最有利于客户利益的。因此，罗格让山姆停止使用这种手段。罗格觉得他已经表明自己对此事的态度是严肃的，罗格只好发出禁令："如果你继续这么做，山姆，我会解雇你。"

  我原本可以对此保密并且保护山姆，从而保全我的奖金。但是我质问了山姆，并给他30天的提前警告。我的奖金确实受影响了。对山姆的行为睁一只眼闭一只眼，或扭向一边假装我不知道，这样做原本是很容易的。但是我知道什么是正确的事情，所以我做了。哪怕山姆业绩骄人，我也执意让他离开，因此我给全国的销售领导者传递了一个清晰的信号：做最有利于客户利益的事是很重要的。

是什么让罗格做出了正确但艰难的选择——在他知道这样做使他个人利益受损的情况下，在他本可以很容易地对山姆的销售手段保密的情况下？罗格实践着"4R"，4R 是一种四个步骤的决策方式，克服了在恐惧或兴奋的强烈情绪下，对涉及道德的问题做出情绪化决策的自然倾向。4R 由四个步骤（或技巧）组成：辨识、反省、重塑、反应。

罗格运用 4R，将自己对公司业绩的热情和大笔奖金的憧憬，与不符合他自己的和公司的价值观的决策剥离开来。

在接下来的篇章中，你能看到罗格如何运用这些重要的技巧，当你读完本章，你会学到如何发展这些技巧。

罗格如何运用4R

辨识你处境中所有要素。停止做任何事情，注意你所想、所感、所做的每件与处境相关的事情。尤其要关注那些激发你思考和情绪的事。

罗格关注了他所想、所感、所做的每件事。他发现，对山姆创造经济业绩的激动是如何使自己兴奋的。他也发现了，自己对山姆创造业绩所使用的方式感到不安。最后，罗格认识到，他试图从另一个角度看问题，一旦允许山姆继续下去，他感到自身价值观与自己和公司所能获得的潜在收益存在冲突。

反省你是如何解读你的处境的。所呈现的全局是什么？什么价值观对你来说是重要的，并如何影响你的选择？哪些偏见可能会影响你对处境的理解？

罗格积极反省了自己的处境。他思考了自己的价值观，如"做正确的事"，思考了公司的价值观——做最有利于客户的事。他反省了如果放任山姆的行为，自己可能会损失短期奖金，但为客户做正确的事、同时给其他的销售团队领导者传递要走商业正道的信号，这样来看，利远远大于弊。"成功"对自己和自己的团队意味着什么？罗格意识到需要对此保持清醒。成功并不意味着不惜任何代价兜售商品，而是为客户寻找最大经济利益。

重塑你对处境的看法，为你所必须做的决策，陈述最积极的现实结果。

虽然罗格知道如果制止山姆，他个人会遭受短期经济损失，但是反省引导他将处境重塑为"短期受损，长期受益"。

反应是做出符合你价值观和目标的决策，并考虑你当前现实处境。

罗格制止了山姆。他为他所期待的组织文化树立了一个榜样。他鼓励其他销售团队领导者为自己团队的销售行为负责。

财商的4R步骤

- **辨识**你当前处境的所有要素，以及你如何解读你的处境。
- **反省**全局以及什么对你最重要（你的价值观和原则）。
- **重塑**你所想的以及你如何对自己描述处境。
- 与你的价值观、目标、全局保持一致地做出反应。

4R如何开展工作

运用4R步骤，重新连接我们的大脑通路，让我们的大脑在压倒理性思考的强烈情绪反应面前，做出基于价值观的反应。那些基于情绪的反应，久而久之形成了习惯。这些习惯以神经通路的方式在大脑中编码，并一次次加快我们以相似的情绪驱动模式做出反应。幸运的是，我们知道，我们具有能够改变既有反应模式、做出更明智决策的力量。4R 就是为帮助我们发展这种力量而设计的。通过经常实践 4R，我们在大脑中创造出新的神经通路。借此，用纳入价值观的、深思熟虑后的反应，替代反射性的情感反应，我们培养起新习惯。4R 通过一些方式，帮助我们重新训练大脑。

4R 阻断了我们大脑对外界情境的默认反应。一旦面临高压事件，我们大脑的情绪中枢通常会使理性中枢无法工作，激发一种恐惧或愤怒反应，正如情商的研究先驱及《情商》一书作者丹尼·格尔曼所命名的"杏仁核劫持"。著名的精神病学家、神经可塑性领域研究学者杰弗瑞·施瓦茨，已经开展解释"杏仁核劫持"内部机制的研究。按照施瓦茨的研究，在关闭理性中枢的同时，杏仁核让我们的习惯中枢有效运转。维持原始生理行为和不需要思考惯性反应的习惯中枢，此刻则掌管了领导者们每天所面临的复杂决策。

为了防止这一事件链发生，提出4R步骤，如同在大脑对高压情境程序化反应上摁下暂停键。我们无法一直防止大脑在面对商业挑战或机遇时不掀起情绪波澜，但是我们能够通过实践4R，让情绪中枢无法劫持理性中枢，从而让习惯中枢获得自由。并且，因为大脑有产生新神经元和神经通路的能力（神经可塑性），所以当我们再次摁键，在暂停期间做的任何事都有益于改变大脑的下一步行动。

4R刺激了新的大脑通路，从实际上改变我们对与道德决策相关信息的加工方式。 广泛的神经科学研究已经确证，大脑具有被改变的可能。我们能够改变大脑，但只有当我们精心努力过才可以。正如施瓦茨解释的，"大脑内部的生理改变依赖于心智状态的创造——这种状态叫专注"。这就是为什么4R对改变大脑有效——因为它迫使我们关注我们所做的。

当我们面临领导力挑战或关键性决策的时候，通常我们会由外而内地做出情绪性反应。4R给了我们由内而外的工具，去回应像罗格面临的领导力挑战情境。4R改变了反射性大脑情绪中枢（为追求速度牺牲精确性）与反省性理性中枢（更加精确，但不够快速）之间的力量角逐。4R让我们更好地通达到我们理性、思维的大脑。并且，4R极大提升了我们赖以做出深思熟虑决策的数据质量。4R不会提升你的IQ，但是能够帮助你更有效地通达你的IQ，从而提升决策有效性。4R也能确保你做出与个人核心价值观保持一致的决策。

实践造就永恒

一旦经常实践4R，就能为我们个人或职业生活做出明智的、负责的、基于价值观的决策奠定强大基础。但是习惯的改变需要持之以恒。想想上次你试图改变自己行为的情形。也许你决定减肥，或者想变得更加有活力，过程很简单：可能只要吃得少一些，或多吃一些蔬菜水果，或报一个瑜伽班，或每天早起一小时去散步，或是准备戒烟。只要我们朝着积极方向改变所需做的事，没有一项是复杂的。但这些事也会变得很艰难。举个例子，没有比灭掉一支香烟更简单或更困难的事了。为什么？因为我们的大脑习惯于做我们之前做的事。同样的，4R既简单又艰难。4R不复杂，但需要一些努力使他们成为你如何生活如何思考的一部分。你需要下决心不屈服于你的反射性大脑。你需要认定，为了按照准则生活，付出最初新习惯养成的不适是值得的。你需要下决心想成为这样的一个人——所做出的道德选择有益于你个人、你的公司、你所爱的人和你的朋友。

练习辨识

为了驾驭会影响决策的情绪，你首先必须辨识情绪。说比做容易。大多数人认为，我们是能意识自我的。当我们成长为成年人，我们认为我们对自己很了解。大多数人更愿意认为我们是客观的，哪怕有时候我们并非如此。正如我们在第二章"道德是天生的"当中学到的，当面临最优决策时，我们完全没有意识到我们的生理状态可能会干扰我们的思维。因此，提升道德能力的第一步是，准确辨识出在刺激性情境下，你思考什么、感受什么、做什么。为了在需要时能辨识出你的认知、情绪和机体状态，你必须提前训练自己。你想擅长辨识，使之成为第二天赋，那么通过练习辨识的技巧，你能够把使自己从一个反射性的反应者，塑造成一个反省性的辨识者。

在瞬间辨识：体验三角

我们所有的生活体验都能纳入三个范畴（见图9.1）

- 认知（我们的思想）

- 情绪（我们的感受）
- 机体（我们的生理机能和行动）

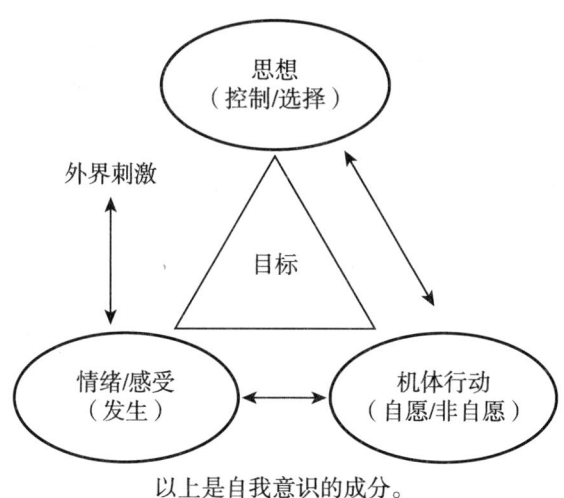

以上是自我意识的成分。

图9.1 体验三角

想想体验的这三个范畴。思想、感受和行动交互作用并通常相互影响。例如，假如我想起某人昨天打了我，我会感到生气，我的心跳会加速（生理），并且我可能会在想起这件事时捏紧拳头（行动）。我的感受和行动可能引发新一轮的体验三角，可能导致我萌生报复念头，从而引发新的感受，以此类推。

尝试着体验思维、情绪和机体反应之间的强有力关联：

- 首先闭上你的眼睛，认定一段让你生气的回忆。
- 将你的注意力聚焦在发生什么事、谁卷入里面，然后用两分钟想想这个情景。
- 两分钟后，睁开你的眼睛，辨识出在思维、情绪和机体状态方面，你体验到了什么。

如果你具有自我意识，你会注意到，你在思考是什么惹你生气了。通常一个人在两分钟内可能不止一次地想到，那个人是如何激怒你的，以及在他激怒你时发生的其他事情。你也会注意到，你的情绪状态发生变化。你可能会再次生气，也可能感到愧疚和后悔。你对自己一开始反应的关注，可能会在这两分钟内改变你的情绪感受。你可能也会注意到，你开始感到肩部紧张、心跳加速、呼吸急促。

发生在你身上的一切都是你思考的结果。神经学家史华兹指出："关注是力量。你所选择关注的东西，已经主宰了你的情绪和机体状态。"

现在，做进一步练习：

- 深呼吸，闭上你的眼睛。在接下来的两分钟内，想想你的大脑是一个无线电接收器，有三个频道可供你自动选择。第一个频道是感激频道。第二个频道是爱的频道。第三个频道是美的频道。在两分钟内，调一个频道。根据你所选择的频道，完全关注到你所感激的事，你所深爱的人，或你最欣赏的周围生活中美好的一面，如高山、大海、沙漠等。
- 现在睁开你的眼睛，辨识你所体验到的。如果你像大多数人一样，你会注意到你的情绪状态变得更加平和。你开始感受到关爱、放松和平静。你可能会想到你所感激的事情，或你会发现你欣赏一些人和自然景观。你肯定会注意到的是，你的机体状态发生变化。你的心跳和呼吸变得平缓，你的面部变得放松。你甚至可能注意到一丝微笑浮上脸颊。再一次地，你发现关注的力量，以及你已经可以控制你所想所感的惊人程度。

这个练习帮助我们理解辨识体验三角的重要性和力量。管理我们的思维、情绪和机体状态，对我们做出明智的、负责的、基于价值观的决策相当关键。因此，培养辨识我们思维、感受和情绪的能力是德商的关键技巧。辨识帮助我们去充分通达我们的体验，因此，我们必须拥有必要的信息，以根据事件做出有选择的反应，而不是自动的（通常是无意识的）反应。

不许动！

培养辨识技巧的最简单、最有效方法之一是玩"不许动"游戏。当你在玩"不许动"游戏时，你把一小段时间从你正在做的事中分离出来。想象一下，你摁下生活 DVD 的暂停键。然后问自己以下三个问题：

- **我在想什么？**

例如，在我脑中，我对自己说什么？我是在思考工作的问题吗？亲密关系的问题？还是天气？

- **我感受到什么？**

情绪是一个个词汇，不是句子。例如，我感到悲伤、兴奋、愤怒，或沮丧。

- **我在做什么，我的机体发生什么变化？**

例如，我是站着还是坐着？我是微笑还是皱眉？我的表情看起来怎么样？我的心跳是快速的还是平和的？我的呼吸正常还是加速？我紧张还是放松？

正如你也许会注意到的，以上每个问题都旨在帮助你意识到"体验三角"的思维、情绪和机体状态中某个方面。为什么不立刻就玩玩"不许动"游戏呢？

当你玩了"不许动"游戏之后，你是否意识到以前未曾注意到的？此时，你的体验三角也许不会太戏剧化。但是，现在想象一下，当面临可能耗费你的能力去做基于价值观决策的刺激性情境，你的体验三角是怎样的。玩"不许动"游戏能够使我们捕捉到思维中的瑕疵，让这些瑕疵在可能给我们或我们下属带来危害之前被消除掉。

只有你运用辨识时，它才是一个有力的工具。如果你不习惯花时间练习辨识，当面临情绪控制下的情境时，它不会主动摁下暂停键。在你需要时运用辨识的能力，取决于你把辨识变成第二天赋的能力。这需要练习。"不许动"游戏玩得越多，自我辨识所想、所感和所做就越可能变成天赋。当"不许动"游戏变成一种习惯，你就更有可能在需要坚持准则时使用辨识这一技巧。随着你经常练习"不许动"游戏，你将可能开始注意到你生活中种种受益之处。你拥有更强的自我意识，这将加深你对自己如何思考、如何感受和如何行动的理解，从而与你的家人和朋友发展更积极的关系，甚至在工作中更有创造性。

辨识思维模式

我们假定的理性思维过程可能不如我们所想的那么客观。这就是为什么关注思维以何种方式影响我们的行为是很有用的。我们做出明智的、负责的、基于价值观的决策的能力，依赖于我们通常如何思考。我们思维模式的一个方面对于道德决策尤其重要，即偏见。偏见是一种"自旋转"，哄骗我们认为自己是有逻辑且客观的，实际上并非如此。每个人都有偏见，偏见也未必不好。偏见是大脑可用以管理成千上万我们在任何一天采取决策和行动的速记法则。例如，我们可能有这样的偏见"人们总是值得信任的"。这个法则让我们可以有效地与人打交道。通过假设大多数人都是值得信任的，我们在敲门问路时、在与同事共事时、在吃他人准备的食物时、在挨着配偶睡时都会感觉好一些。假如每次你接触到一个人，都要猜疑此人是否值得信任，想象你的生活将变成什么样。你每天的生活很可能在衡量每个人信任度的紧张下瓦解。很大程度上，我们的偏见"人们总是值得信任的"是很实用的——哪怕并非完全准确。有些人不是那么值得信任，有些人会伤害我们，每个人也都偶尔有与不值得信任的人打交道的负面经历。偏见只有在当我们忘记我们有偏见时，才会变成是问题。例如，认为人们都是值得信赖的，会使我们无视某个特定的人可能不会考虑我们的最终利益。这就是为什么我们需要辨识出我们的偏见，不是说我们能够消除偏见（这是一个不可能的任务），但我们能够意识到偏见会影响我们做出决策。以下是一些常见的偏见：

- **过度自信**：与恰如其分的自信相反。
- **过度乐观**：这种偏见会导致高估我们喜欢的结果发生的频率，低估我们不愿意看到的结果发生的频率。
- **证实偏见**：搜集或解读那些能够证实我们所想的信息。证实偏见还表现为，忽视那些与我们所想相抵触的信息。
- **熟悉偏见**：赋予我们在之前已接触过的信息更多权重。

偏见会以多种方式影响道德决策。例如，偏见会导致我们忽视一些重要的数据，或高估一些数据的重要性，或者鼓励我们在有关自我和处境的误导性信念上做出决策。想象一下，你有过度信任、过度乐观的倾向，并且有证实偏见。如果你有个不值得信任的同事，你的过度乐观会指引你相信你的同事是个品质好的人，你的证实偏见会让你忽视你的同事不值得信任。因此，你可能继续毫无防范地与之共事，将自己和组织暴露在潜在危害之下。

辨识情绪模式

当你经常并持续地练习"不许动"游戏时，你可能会开始注意到，你会对一些家里或者工作中的，积极或者消极的日常情境作出相似的反应。你可能开始看到，面对不同情境的反应模式，如被一个野蛮的司机抢了路，对付一个难缠的同事，晚上把孩子哄上床睡觉，或者要洗一堆的衣服。辨识这些模式能进一步增强你对通常反应的自我意识，从而能找出你在决策中的错误。因此，我们能够通过审视激发强烈情绪的以往体验，来提升对情绪模式的辨识。举个例子，你可能想问自己有关辨识的问题，如在我以往哪些经历中，哪些我会感到高兴、兴奋、有希望、愤怒、悲伤或恐惧？回答这样的问题能够帮助你辨识一些你最重要的情绪模式。

练习反省

辨识能增加你对某一时刻体验、对情绪性事件习惯反应模式的觉察。拥有了这些关键信息，你能处于更好的状态去练习反省。

反省的根本目的是将刺激源从自外向内改变为自内向外。反省启动了创造内部刺激源的进程，刺激源将以你的道德原则、个人价值观和生活全局为基础。以下是练习反省的三个方面：

- **准备反省**。就像任何习惯，反省通常需要一个"线索提示机制"，去帮助我们进入反省性的心智框架。

- **把反省变成日常习惯**。和辨识能力的养成一样，你在需要时运用反省的这种能力需要日常的练习。这意味着需要一日三省其身。
- 一旦你被个人或领导力挑战激发时,使用你的反省技巧。

为反省做好心智准备

来自家庭、工作、社区责任的各种要求让我们应接不暇,使我们处于内部危机系统持续运作的机体状态中。这就是为什么有必要做些什么,来帮助我们打破常规,或者剥离即刻情绪。很肯定的是,练习辨识对于达到反省性思维状态很重要。我们停止行动,并观察我们身上发生了什么。除了练习辨识,许多其他练习能够平复心灵和身体,为达到更具反省性、理性的心智状态铺平道路。赫伯特·本森博士是身心医学研究所的创始人,他把这些练习称为"扳机",因为这些练习通过各种途径改变了我们的机体,从而扳动幸福、提升绩效。"扳机"活动有祈祷、冥想、听喜欢的音乐、在大自然中骑车散步、泡热水澡,甚至是做家务,如打理院子或洗碗。

让反省成为习惯

当你身处挑战性情境,反省你的价值观、你的全局,以及任何你面临的情境现实是至关重要的。培养反省的习惯,使你在需要时变得有反省能力。当那些令人兴奋的机遇或令人恐慌的危机来临,我们能够程序化地运用我们的价值观去做出最佳决策。培养反省的习惯,帮助我们让各种日常行动与我们的价值观、生活的现实保持一致。

反省价值观

在第三章"你的道德指南"中,你有机会去识别你最重要的价值观。每天反省那些价值观,是准备应对突如其来挑战性情境的有力方式。选择一个每天固定的时间,反省你的价值观和你的生活大背景。反省练习得越多,当你需要时越容易运用反省。

> **练习　价值观每日反省**
>
> 使用以下技巧,使你的价值观铭记于心。针对你的排序靠前的五六项价值观,按照以下方式来做:
>
> - 为价值观命名。例如:"家庭"。
> - 在你的价值观之前使用动词,为每个价值观创造一个行动导向。例如:
> - 爱你的家庭(指引自己把价值观变成行动)。
> - 我选择爱我的家庭(按照一个价值观做选择)。
> - 我爱我的家庭(通过想象真实情景,增强渴望的状态)。

反省全局

理解你生活的全局,创设出一个让你能够做出更好决策的大背景。你的全局包括生活的五个主要领域:

- 家庭
- 目标(公司的和个人的)
- 财务(公司的和个人的)
- 健康
- 环境(公司的和个人的)

掌握了这种反省技巧,我们在高压时刻,或者是在由个人或领导力的情境中引发焦虑、兴奋的挑战性时刻,能够做好准备去反省。

虽然4R都很重要,但反省对于我们做出明智的、基于价值观决策的能力来说,也许是最核心的。反省迫使我们去评估我们内心对情境做出的自动反应是否可信。塑造我们反省的技巧,以确保我们做出的决策不是冲动的,而是与我们希

道德决策 **09**

> **练习　为你的全局描绘蓝图**
>
> 这项活动能帮你画一幅你的全局图。完成你的全局图后，当你面临挑战性情境，你能够展现全局图，作为反省的提示。
>
> 材料：一张大幅纸（白板纸或画图纸）、彩色水笔或蜡笔
>
> 把纸摊开放在桌上或地上。画一个大圆，把圆切割成五个扇面。
>
> 为这五个部分分别命名：
>
> - 家庭
> - 目标
> - 财务
> - 健康
> - 环境
>
> 针对每个部分，写下最重要的事实，这些事实包括积极的和消极的还要与你生活中相应部分有关联的。每四个月左右重复此项练习，以便及时更新你的全局。

望达成的一致。正如你可能已经注意到的，当你反省了什么对你来说最重要，以及你所生活的环境现实，你必将开始从另一个角度去思考你所面临的处境。反省自然而然引向第三个 R——重塑，一个看待你自己和解读现实生活的新途径。持之以恒的深刻反省，能够明显改变你对什么是真的、什么能够成为真的理解。

练习重塑

我们解读现实的通常途径，根植于深深烙在大脑里的长久习惯模式。但是，因为大脑的可塑性，我们能够改变我们看待处境的方式。这就是重塑：考虑我们反省的结果如价值观、目标、全局来重新解读我们的处境。

我们面对的每项决策，都是在我们对处境的态度和信念的大背景下做出的。态度的集合构成了我们对处境的"框架"。进而，框架有力地影响我们做出最终的决策。通常，我们对领导力情境的框架是由一些态度组成，这些态度阻碍我们做出明智的、负责的、基于价值观的决策。举个例子，上司要你向高管隐瞒你所在部门在产品生产上犯错的消息。你内心怎么解释这项挑战性事件，会影响你对

此做的或不做的任何事。如果经济形势恰巧不好，你对情境的框架可能是："如果我不按上司的要求行事，我将失去工作，并且找不到工作。"当然，这只是一种可能性，但是，将我们对情境的信念当成客观事实，会限制我们以明智的、基于价值观的方式做出反应。我们采用的许多框架可能是不现实的、消极的。一旦我们进行重塑，我们会对情境采取现实的、乐观的视角。例如，我们可能采取以下框架："我们公司的伦理规则要求我们承认部门的错误。这是一个我能帮上司看到产品问题从而有利于公司长远利益的机会。哪怕我也许无法使他信服，他可能也不会炒了我。甚至如果他炒了我，我也将获得一个良好记录，将能够找到另一份工作。"请注意，这个框架是乐观的，但并非不现实。我们知道，如果我们没有继续隐瞒，也无法保证上司不会炒了我们，但我们的崭新视角增加了我们忠于价值观行事的概率。

我们重塑情境的方式，实际上决定了我们对情境如何做出回应。重塑为更好地做出决策做了准备，这样我们就不会只是对情绪做出反射性回应。莱尼克&阿伯曼集团的里奇·阿伯曼博士创造了一种理解并开始实践重塑的简单方法。他引用了维尼小熊的话："我原打算换我的衬衫，但是我决定改变主意。"一旦维尼进行重塑，他就不需要换他的衬衫了。作为领导者，你可能对自己说："我原打算朝着我的助理咆哮，但我决定改变主意了。"

回应

前三个 R——辨识、反省、重塑，旨在将高度紧张的情绪状态，改变为平和的、富有创造力的、有利于进行客观无偏见思维的情绪状态。这是一种使我们积极回应任何挑战性情境的心境状态。因此，我们辨识出当前状态后，反省我们的价值观、能力和选择再重塑我们的处境。接下来的步骤是第四个 R——以最优的可能决策进行回应，但这并不是"最终"步骤。虽然每个 R 是分开讨论的，但在实践中很难一个个分开。每个 R 与下一个都紧密联系——一旦我们辨识我们的思想、感受和机体状态，我们就开始反省我们内心和周围发生了什么。一旦我们开始反省我们的价值观、全局,我们就开始重塑我们的处境,使其与之前不一样。一旦我们进行重塑,我们开始思索如何回应。许多人会感到做出回应的强烈欲望,也就是说,一旦我们想到如何回应就要行动起来。

通过学习了前三个R,很容易假定,我们会自然而然做出最优决策。但是,事实并非完全如此。只有通过经常的、透彻的练习,4R才能大大提升我们在恰当的认知和情绪框架下做出明智决策的概率。但是,由于我们都不是完美的,所以可能会以不完美的方式运用4R。有两个主要原因,让我们在做出回应之前要踩刹车。

首先,4R不总是为决策创设最理想的认知状态。我们最终做出回应的质量,取决于我们在前三个R中每一步的质量:做出回应的质量依赖于重塑的质量,重塑的质量依赖于反省的质量,反省的质量依赖于辨识的质量。每一步过程中,都有可能犯认知性错误。正如你能回忆起来的,当我们停下来进行辨识时,注意到偏见可能影响我们的思考,这点很重要。未经核查的偏见会影响反省的质量,从而,影响我们对反省做出重塑的价值。假如我们的重塑不甚理想,我们在回应时做出的选择可能不会最有利于我们个人或我们组织。

其次,4R不总是为决策创设最理想的情绪状态。4R旨在削弱外界事件引发的情绪。但是,每个R本身都能引发其他的情绪,这些情绪偶尔阻挠我们以最佳状态进行思考。例如,本书合著者凯西·乔丹博士在自2008年秋天开始的经济下滑期内,失去了一大批客户。一开始,她对收入减少感到焦虑不安。之后,她重塑了处境,将此作为职业方向转换的一个机会。她对这个新的机会感到振奋,精神抖擞地尝试开拓她的新业务,但是没有获得多大成功。凯西经过好几轮4R辨识出,自己处于高度紧张情绪中,这种情绪不是被外界事件引发的,而是她自己进行重塑的结果。她不知不觉地把自己的框架从过度悲观调整为非常乐观。事实上,她原先高度紧张的情绪被另一种情绪所替代,而这另一种情绪会干扰她做出回应的质量。如果凯西花时间反省、分析经济下滑的现实,她会发现为自己的新业务寻找客户和为之前业务寻找客户是一样困难的。经济状况是凯西必须应对的全局现实,无论她希望提供哪种业务。

在做出回应前，重复之前步骤

有时，在辨识、反省、重塑之后延迟回应最有意义，和做出回应一样有吸引力——延迟回应经常是最好的回应。我们很想去回应是没错的，但是，在执行决策之前，至少重复一次前三个 R 才是明智的。前面几个步骤完成后自然会做出回应，但关键是在前三个 R 中不断循环往复。当你准备回应时，你应该继续努力辨识你内心正在发生什么。在你做出选择之前，确保你在反省的同时已经对问题解决做得足够多是很重要的。寻找你在第一轮循环中可能忽略的、有关你处境的某些方面。举个例子，问问你自己："关于我的处境，什么是我应该顾及却没有注意到的？"或者"我正在考虑做出的回应可能会有哪些意外的后果呢？"

在你反省时，重新回到辨识状态，以确信反省让你身处有利于决策的平和而有创造力的状态，这点也很重要。例如，当你反省自己的价值观时，你处于什么样的激情水平和情绪状态？如果你太有激情，你应该意识到，你还仍然处于一种很难将资源最大化利用的现实中。当你思考可能的回应时，请再次运用辨识去发现可能的偏见。你是否在寻找某些东西来证实你的判断？你所选择的行动，是否只是因为很容易做到，或对你来说比较熟悉？

最后，在做出回应之前，再次检查你的框架是很重要的。当你看待自身处境时，你是基于现实的积极，还是不现实的乐观？重塑的价值在于，把事情看得更清晰，让你对自己应对处境的能力更乐观。通过玫瑰色眼镜看待处境，可能引导你做出不适当的反应，从而不利于个人或者组织。

现在你拥有了所有成为有德商才能的领导者的基本工具：你了解了大脑如何运作；你与自己的价值观保持联系；你学到了成为伟大领导者所应具备的关键性道德能力和情感能力。并且，你的 4R 帮助你获得这些关键性的道德和情感能力。在本书的第三部分"道德领导力"，你将发现当你面临成为道德领导者的日常挑战时，如何将这些工具用于行动之中。

第三部分
道德领导力

10

道德领导者

迪克·哈林顿是托马斯公司的总裁和CEO，托马斯公司在2008年被路透社收购之前是一家跨国电子信息公司。2001年9月11日，迪克在伦敦参加托马斯公司董事会会议。他得知世贸中心遇袭的消息时，正在和美国康涅狄格州总部打电话。当时迪克和在伦敦的董事会其他同伴感到五雷轰顶。至少有2200位托马斯公司员工在世贸中心附近上班，大约有200名办公室员工就在双子楼里面。直到好多天甚至若干周之后，才确认有11名托马斯公司员工因此丧生，其中一名是袭击世贸中心北楼的飞机里的乘客。

在恐怖袭击发生后最初的几个小时内，一切都不明朗。但是迪克和他的团队很快从震惊中振作起来并列出轻重缓急：员工第一位，商业第二位。他们利用手机和黑莓去寻找失踪的员工。他们从康涅狄格州征用豪华轿车，接送灾难发生后逃往郊区或渡河前往新泽西州的员工。一旦确认哪名员工失踪了，他们联系其家属，提供现金和膳食，安排交通让遇难者家属团聚。

此外，迪克和他的团队加强对遇难者家属的支援程度，对此他们十分低调，没有公开。并且，在照顾到遇难者家属需求时，他们没有耽误服务其他人——员工、股民、全球的客户。他们早沟通、常沟通。他们安抚受到创伤的员工，也让投资者和客户放心。

迪克展示出来的道德领导力是他自己及其他高管的行为准则——回报是获得托马斯公司员工同等程度给予的忠诚。一位员工从世贸中心逃出来后，首先是赶往公司在新泽西州的后勤机构工作。其他一些员工提到，事发后，他们返回世贸中心附近被封锁的建筑里，抢救重要的金融数据。9月13日，托马斯公司宣布，对华尔街而言至关重要的金融信息技术已经上线重新运行。

其他领导者也在9·11恐怖袭击中显示出强大的道德领导力。在世贸中心倒塌后第九天，美国运通的CEO肯·陈纳德召集将近5000名在纽约的员工在麦迪逊广场花园开会。11名美国运通的员工在这次袭击中丧生，位于世贸中心对面的公司总部严重受损。员工迷茫不安，承受着亲人、同事和朋友在金融服务区丧生的痛苦。虽然继续开展公司业务很重要，但是他把员工的福祉放在首位。这次大会不是要"踹你一脚"，让公司重上轨道，而是对那些在袭击中丧生的人们表示哀悼。他鼓励人们反思他们所感激的一切，鼓励人们花更多时间专注于生命中最重要的部分。然后，他传递了在灾难面前他对希望和信心的理解。他告诉大家，公司将如何帮助那些受到影响的人——员工、客户、纽约社区的人，进行康复。运通的员工不需要被告知要努力工作。他们需要听到他们的领导者关心他们。这一切使得美国运通的员工在袭击发生后也能帮助公司向前迈进。

在肯·陈纳德自己感到悲伤，并面对前所未有的商业重创时，他是如何激励和安抚他的员工的？肯做出了清醒的决定——每个决定需要的不是商业技能，而是道德技能。虽然我们都需要道德技能使生活更高效，但作为领导者，我们有特殊责任运用我们的德商，确保我们领导的员工和团队坚持诚信、负责、怜悯和宽恕的原则。作为领导者，我们拥有影响力和权力，我们以此来向组织内其他人传递道德技能的重要性。

不是所有受到9·11事件影响的CEO，都像迪克·哈林顿或肯·陈纳德这样做出回应。有些在做任何行动之前必须咨询专业人士、公关公司或法律专家。有些在为遇难者家属做出怜悯回应之前拖延太久，以至于看上去像是刻意的、被迫的。迪克和肯获得成功而其他领导者失误的原因在于，他们俩都以一套原则、价值观和信念为行为出发点，这些原则、价值观和信念是构成每个商业决策的要素。那结果是什么呢？两家公司员工的士气和工作绩效都保持了持续性高涨。托马斯公司（现在是托马斯路透社）的员工说他们公司是一个让自己引以为豪的地方。一位信息专员在9·11事件后不久说，我感到迪克·哈林顿很尊重我，不管我的职级如何，都愿意对重要事件与我进行交流，我会留在公司，并宣传公司，让大家知道托马斯公司是一个很棒的工作场所。拥有这种让员工卖力的道德领导力，托马斯路透社在经济衰退和复苏期间源源不断地创造了巨额利润。

利用聚光灯。你是个领导者，你会经常在舞台上。你做的每件事被你周围的人审查、分析、解读。公众人物和政治家们都明白，能见度是一把双刃剑。一方面，你能够利用聚光灯推动有价值的事。另一方面，在公众眼球之下几乎不可能藏匿恶行。山姆·布隆夫曼是施格兰公司的前高级执行官，回忆起有一次他因为一位市场部经理呈现的商业计划十分荒谬而开除了他。山姆说："每个人都感到震惊。我最后为此道歉——但是人们仍然记住了这件事。我希望他们记住我的道歉，但我想人们记住更多的是我的发飙。"

山姆的故事提醒我们，领导者想要德高望重，必须对极可能激发道德坚守或道德沦丧的情绪状态（自己的和他人的）有特别敏感度。贪婪、嫉妒、羡慕、讨厌、愤怒能轻易地破坏道德坚守，然而，像爱、同情、高兴和喜悦这样的情绪能大大提升道德能力。持续表现出消极情绪的领导者更容易卷入消极行为，并通过示范鼓励了周围人的消极行为。以爱作为行动出发点，表现出对人的尊敬和关心的领导者，更能鼓励周围人的道德能力——正如我们认识的一位CEO，他每月支付比原先与另一家供应商协商的多1500美元，用于公司清洁服务，因为目前提供清洁服务的女士很忠诚负责，他知道这位女士的家庭需要这笔收入。

作为领导者，你的能见度有积极的一面——你能够依靠它起强调作用，为组织中其他人示范道德行为。为了有效地传递道德信息，有必要用夸大的方式去支持什么是对的。就像在剧院现场演员上浓妆，以便观众可以看得清楚，作为领导者，你可能需要"浓妆艳抹"，让你的价值观清楚地呈现给你的观众。你可能认为，对其他人来说，有些商业策略无须证明显然是错的。但是，没有说出来就是错过了一个通过强调让人成功的重要性的机会。美国运通已退的董事局主席哈维·戈卢布非常同意这点，他说："我将此作为一种练习，通过经常示范那些我希望别人做的行为……我不仅仅希望他们好好观察，还会给他们指出这些行为，以确保他们理解这种行为。"

利用权力。权力是另一种领导力资产，你能够运用权力去影响你的组织采纳道德技能。领导力和权力实际上是同义词，正如对领导力的描述是"掌握权力"所表明的一样。对于权力的通常定义是"对他人拥有控制力、权威或者影响力"。权力，和能见度一样，是一把双刃剑。毫无疑问，你能够运用权力，通过他人去成就你自己无法达到的有意义的目标。但是权力也可能很危险。权力能上瘾。使用权力能激发大脑内叫内啡肽的化学物质，这种物质能创造一种愉快的生理状态。权力能够提供愉悦，就像食物、性或激烈体育锻炼所带来的满足感一样。在正式领导位置上的大多数人是珍惜权力的。但是有些领导者渴望权力。人们很容易习惯于领导角色带来的洋洋自得。让下属听从我们的想法和欲望是一种很好的感觉，这不像与家人相处的体验，家人总把我们当成是真实的会犯错的人。

领导权力不是由领导者自己宣称的——它是由下属赋予领导者的。下属容许了领导者有权力。因为领导者拥有权力，下属对自己如何向领导者呈现信息小心谨慎。研究表明，组织中职级越高，接收到的信息越失真变形。下属提供了他们认为领导者想听的信息，对那些他们担心会扰怒领导者的信息进行审查。领导者越是滥用权力，他们得到的信息就越是扭曲。甚至宽厚仁慈、小心翼翼使用权力的领导者也会遇到如何建立准确沟通渠道的麻烦，因为下属更倾向于顺从领导职位赋予的权力，而不是领导者的实际行为。

顺从于权力，不仅影响到有关财务报告、产品质量和客户态度等"硬"商业数据，还限制了领导者能获得"软数据"的数量和质量。当领导者犯错误时，下属很难向其开口。许多组织文化不鼓励人际反馈，甚至同事间反馈，因此，想象一下让下属公开批判拥有更大权力的人的行为会有多么困难。这让最高级领导者在反馈真空的状态下行事，他们的成就会得到赞扬，但是他们的个人过错不会被

道德领导者 10

自己关注到。对领导行为恰当的消极反馈缺失，给领导者带来错误观念：我们是远比实际上好得多的领导者。缺乏关于商业和个人能力的准确信息，我们会有犯大错的风险，这将带来毁灭性的商业后果。工作狂能反映出一定程度的权力滥用。一旦你坚持事必躬亲，而不是授权他人，你就剥夺了其他人发展自己和使用他们自身权力的机会。

所以，谨慎使用权力。它不是你能够断然戒除的药。如同食物一样，权力不能完全从你的生活中根除。对正式的领导者来说，权力是不可避免的，权力伴随着界线。但是，权力像食物一样，谨慎使用能够促进健康和福祉。你能够利用你的权力去成就积极的道德目标，从而也能创造更高的商业业绩。作为一个道德领导者，你能够通过示范那些让自己保持一致的道德技能，去积极地使用权力。你也能够运用你的权力，鼓励下属能与自己的道德指南保持一致地生活。

更高的标准。当你对所有的道德能力都很擅长时，你就能够运用你的领导权力去创造最佳商业结果。我们知道存在一些在某些道德能力上不全面的但是高效的企业领导者，但是，我们从不知道，一位不诚信、不负责的领导者能在商界持续地获得成功。许多高效的真诚的高管之所以受到尊重，是因为他们展示出诚信、负责的品质，甚至哪怕他们缺少突出的怜悯或宽恕。但是，能激励下属尽最大努力的领导者，同时也是富有怜悯和宽恕之心的。当下属看到这样的领导者主动关心他们，并且不计较过失，他们就与领导者之间打造了前所未有的联结。

为什么下属和领导者之间的情感联结很重要？当领导者表现出怜悯和宽恕，他们创设出一个安全的情感环境。在这种积极的氛围里，下属感到放松、有创造力，因为他们知道领导者容许创新冒险所带来的不可避免的错误。当下属相信领导者关心他们，他们会想在工作中尽自己最大努力。如果说诚信和负责的能力来自于"头"，那么怜悯和宽恕的能力则来自于"心"。最有效的道德领导者，是那些头和心都能充分投入的人。

有趣的是，来自于"头"的这种道德能力对于达成最低水平的领导效力是必要和足够的，但是仅有来自于"心"的道德能力对于达成领导效力是不够的。领导者如果只是能够做到看上去主动关心他人（"我感到了你的痛苦！"）、原谅自己或他人、对错误抱着开放态度，但是他们不说真话，不兑现承诺，不按组织价值观、信念和原则行事，他们将不会成为高效领导者。以怜悯和宽恕出名、但缺乏诚信和负责的领导者经常被看成是"老好人"，因为他们缺乏诚信，他们无法获得更高表现所需要的尊重和信任。

道德领导者如何看待下属。到目前为止，我们已经知道为什么道德领导者需要按道德尺度的最高端来行事。因为他们的权力和能见度，他们的行为，会对周围人的行为产生重要影响。除了精通道德和情绪能力，最高效的领导者以组织核心信念为出发点行事，并且告知下属如何执行。他们做的每件事都被一个信念所激励，这个信念就是人性本善。简而言之就是：虽然人们不是完美的，虽然他们会犯错误，大多数人的动机是好的。这个信念是道德领导者激发他人潜能的钥匙，因为你对人性本善的信念会对你自身领导行为产生深刻影响。意识到那些和你一起工作的人有理想自我（他尽力想成为的自己）——这个人更愿意成为理想自我，而不是目前有缺点的现实自我，这能让你去实践怜悯、宽恕和诚信。当你相信人性本善，你会忍不住去帮助他人变成他最想成为的人。

对人性本善的信念不是一项"技术"。这是一个强有力的参考框架，使你在管理个人表现时像钉子一样坚硬，这似乎自相矛盾。为什么呢？当下属感觉到你相信他们有理想自我时——他们有潜力做最好的自己，那么他们更能接受你对他们错误和过失的反馈。同样，一旦表现优秀的下属意识到你相信他们的理想自我时，他们会对你分配的工作付出更多努力。

汤姆·帕莱因是卡地纳健康公司的企业系统 IT 高级副总裁，卡地纳健康公司是美国最大的健康产品供应商。汤姆展示出他对人性本善的信念，他说："帮助他人成为他们想成为的人是我的一种生活方式。"汤姆还说，"我的首要价值观是人是最关键的，他们值得被尊重、被关注、被理解、被共情。你想使他们的灯变亮还是变暗？你如何管理员工的能量？领导力的最大任务不是自己去做事，而是帮助别人去做事。管理员工的能量最为关键。如果你做好了，你在这个世界上能够成就像办公司这样的大事业。"汤姆也诠释了暂时丢失"人们是积极的"信念的代价。当时汤姆是可口可乐公司的首席发展官，他不得不对一个重要问题做出单方面决策，因为负责的团队争论不休且无法合作。汤姆认为，如果团队关注解决问题本身而不是互相争斗上，最终决策本应该更好。因此，他召集团队开会并且告诉他们，自己是如何看待他们的。"没有人愿意被批评，"汤姆回忆道，"我批评了这个团队。我传递信息的方式在可口可乐公司文化中是不常见的，因为在这里人们不会作为一个团队被训斥。我没有指名道姓，但我真的很生气很恼怒。之后，他们当中有许多人不确定是否还会再次发生类似事件，因此在相当长一段时间内，他们避免和我讨论问题。对于他们糟糕的团队合作，我的评价的确是真实的，但是我用错误的精神传递了信息，对团队的能量进行了错误的管理。"

员工发展。道德领导者管理和发展业绩的方法，受到领导者相信下属人性本善的信念指引。这是一种途径，能够鼓励员工与价值观保持一致地生活，释放他们的积极能量，并激发他们尽自己最大努力。

作为一名道德领导者，你有责任帮助他人与对他们而言重要的理想保持一致。如何做到这一点？首先，相信员工有潜力能够为他们自己和组织做出令人惊叹的事。其次，你可以通过绩效讨论，去探讨你的员工所关注的人生目标——不只是公司商业目标。再次，让他们为达成个人的、职业的目标负责任。

当你承认员工的全部自我——理想的和现实的，那么你的支持会为员工注入动力。因为你关心他们、相信他们，员工受到激励后会回报给你和你的公司——他们最大的努力。员工不必被哄骗着做事，因为从长远看，你不能强迫人工作。你能做的是创造条件激发他们的才能，点燃创新性思维和行动的篝火。

员工发展是道德领导力的核心构件。为什么呢？因为员工发展是你打造一支忠于道德准则的员工队伍的途径，而忠于道德准则是组织获得可持续性成功所必需的。一旦道德领导者对员工发展进行投资，他们超越了通常对产生短期效益的技术性技能及行为的关注。指引持续性商业绩效的发展计划是综合性的——所包含的内容不仅帮助员工认识到公司商业目标，还包括重要的个人和职业抱负。一个有效的发展计划不仅是员工的责任——这是一个你和你的员工共同承诺的、为了员工成长的共享计划。你和你的员工共同合作去达成目标，这个目标对于员工来说很重要，同时也能为组织带来满意的结果。

领导者接受了帮助员工达成发展目标的责任，就要花费大量时间辅导员工。那些忙于开会、无暇帮助员工的领导者，错过了获得更好商业收益的黄金机会。投入时间让员工发展产生的回报是成倍的。我们花在辅导员工上的每个小时，都能转换成提升绩效的无数小时数。

绩效发展讨论的每个元素包括沟通传递对员工的信任、相互坦露信念和目标、达成相互反馈协议、共同负责这些都应该与你负责的每位下属进行讨论和商榷。如果你是大型组织的领导者，要求组织中所有主管对下属运用这种方法是很重要的。

沟通传递对员工的信任。行胜于言，但是，传递给员工你信任他，相信他是善意的人这样一种信念，需要你主动地去表达。实际上，大多数人都渴望被肯定。我们欣赏任何表达关爱的真诚沟通。高效领导者通过承认员工的优点，最有力地肯定了他们。言语提及员工的成就和能力，强化了这样的概念，即领导者相信员工拥有最棒的自我。除了承认员工优点之外，领导者应寻求机会直接表达："我相信你。我知道你能比目前取得的成绩做得更好。"在讲求实际的西方商业文化中，这样一个信息可能听起来十分甜蜜。当员工犯了一个严重的错误，陈述你相信员工的理想自我，能够帮助她/他更有创造性地应对现实自我的过失。甚至当员工表现不佳，明智的道德领导者会主要关注如何发挥他们的优势去提升表现。强调员工的弱点很少有益，正如伦敦商学院的奈杰尔·尼科尔森教授说的：

……情绪无法完全被压制，这就是为什么哪怕是最理智的员工看上去也不能接受经常给予的建设性反馈。因为情绪的优先原则，人们总会不自觉地最先听到坏消息，也容易夸大坏消息。

经理们不能想当然地认为，他们能够平衡积极的和消极的信息。消极信息具有更大的力量，能一笔勾销积极信息所有累积的信任。实际上，因为情绪的优先原则，可能你做的最让人沮丧、最有潜在危险性的事是，告诉某人他/她失败了。对你指派负责组织评价系统的人，要谨慎一些。这些经理必须对情绪雷区敏感，所有的消极信息必须要有导航。

经理和员工相互坦露道德指南和目标。分享你的信念和目标,并邀请你的员工分享,这样提供了彼此支持对方行为的基础。你可以像以下这样表述,向员工介绍这个想法:

> 为了成为一名好经理,我需要知道我在工作中处于什么位置并向你坦露。我也需要知道你在工作中处于什么位置,我们彼此分享的信息能够为信任关系奠定基础。

坦露要从分享组成道德指南的原则、价值观和信念开始,因为许多员工之前没有被上级问到类似信息的经历。你坦露个人信念的意愿,通常能让员工的不适感降到最低。但是,你也需要清楚,你对信念和目标的坦露不是一种客套礼节。你分享你的信念和目标,因为你也想从你的员工那里获得帮助。你可以告诉你的员工,你希望能一起互相提升。在你讨论了你自己的信念和目标之后,作为经理,你可以这么说:

> 作为你的上司,我的工作是帮助你发展必要的习惯和日常规范,以便帮助你达成你的目标,同时尊重你的原则和信念。我带着对你的信任开始一切,但是,假如我们要紧密地一起工作,在想象你很棒之外,我还需要做一些其他事。我想知道你打心底希望自己的生活是怎样的,对你来说什么是最重要的。你扮演的角色是什么,以及你想做到多好。

达成反馈的协议。经理们经常想当然地认为,由于他们的职位,自己有单方面权力给予下属反馈。非主动请求的反馈既不受欢迎也没有成效。经理们经常挫败地发现,消极反馈往往导致工作表现进一步恶化,而非提升。工作表现下滑是由于不请自来的反馈所引发的消极情绪导致的。接收到上级主动提供消极反馈的员工,感到不被欣赏、被误解和无力感。相反,在员工感到充分授权的环境中,主动请求的批判性反馈更倾向于能提升工作表现。经理应该寻求下属同意给予反馈，并要求员工对经理自身表现给予反馈。寻求同意给予反馈和要求反馈，平衡了员工的情绪。因为接收反馈是协议的一部分，员工拥有机会提供反馈给经理，员工感到被授权而不是惭愧。如果经理已经成功地向员工传递深切的关爱和信任，员工在经理营造的积极感受大背景中，能够正确地看待反馈中的消极部分。最后，如果经理能够将反馈描绘成一次机会帮助员工达成重要的个人或职业目标，员工会把反馈视为提升工作表现的帮助，而不是攻击。

在达成相互反馈的协议过程中，你可以这样说：

> 我知道我们都会犯许多错误。我希望我们能达成共识，互相指正。我会犯错误。当你看到我犯错误时，你愿意告诉我吗？

谁会不同意呢？当你获得员工的首肯，你可以接着要求：

> 如果有时你的表现与你与我分享的目标不一致，我可以向你指出来吗？

现在，你已经以员工看重的目标为大背景，为讨论工作表现问题做好准备了。

共同负责。达成反馈的协议，为正视不可避免会出现的工作表现落差做好了准备。因为你已经邀请员工督促你的行为，你对他们第一次尝试的反应将会影响之后关系的质量。简而言之，你需要对员工的反馈做出恰当回应，以便他们很愿意将来为你提供反馈。对员工的反馈做出恰当回应，并不意味着你同意并且马上改变你的行为。你至少需要积极倾听他们的反馈，并确保你的员工知道他们被倾听，告诉他们你如何做出回应（甚至你仅仅只是考虑一下），并感谢他们通过提供反馈对你表示尊重。

当你需要对你的员工给予消极反馈时，强调你信任他们这个大背景是很重要的。你可以这么说：

道德领导者 | 10

基于你之前和我分享的，我认为你希望做好工作。我相信你意识到你在这方面的表现不是很好，我们需要关注这些方面，帮助你达到你认为重要的目标。

工作表现问题

关注他人的优势和善处，并不意味着道德领导者忽视工作表现的不足。相反，恰恰是关注他人的理想自我、互相坦诚和反馈所营造的尊重，建立起经理和员工的情感联结。这种联结会加强经理处理工作表现问题的力度。

当价值观发生冲突。关爱他人、相信人性本善并不会使你的领导工作变得容易。也许最让领导者生畏的挑战是如何管理个人表现，调和互相冲突的个人的和组织的承诺。Thrivent 金融公司的吉姆·汤姆森对这种挑战有深刻理解。吉姆回忆起他如何处理一位是他的直接下属同时也是他亲密朋友的人的工作表现问题，他说："我本应该更早地决定将他调离目前工作。我和这个人的私人关系很好。因此使得我花了六个月的时间才做出决定。我试图帮他看到他做错了，但是他从不这么认为。我知道让他离开会损害我们的友谊，但是让他留下来会给组织带来消极后果。和这个人关系不太亲近的人认为，我们对工作表现不力执行决议是迟早的问题。对那些忠于他的人来说，我变成了'魔王'。从情感上说，这是非常艰难的决定。出于诚信和负责，我不得不这么做。但我也需要有怜悯之心。"

道德领导力和管理技巧。相信人性本善、管理员工的工作表现使之与信念保持一致，并不意味着摒弃你在之前认为有益的领导力工具。大多数组织提供领导力训练和其他资源，提升领导者在日常工作和人员管理中的效力。当你心存员工的理想自我，对他们优势关注程度至少与对他们的弱点关注同样多时，而且请员工帮助你提高你的个人表现如同你试图去帮助提升他们的一样时，其他的领导力技巧就能发挥出最大功效。当你真心关爱和相信你的员工及其身上的潜力时，不管什么领导力技巧都将更加有效。当关爱和信念缺失，领导力工具往往会事与愿违，因为员工可能会将其视为机械主义或操控性的。相反，倾注关爱精神的领导力工具会起到很好的效果，哪怕运用得并不是那么完美。

11

领导大型组织

价值观的结构

炎热夏日,美国亚利桑那州北部的小城镇圣多娜的一个会议室里,美国运通执行官布伦达·布莱克和她的前同事戴维·爱德华斯召集了两支跨国经理团队。布伦达走上讲台,展示公司两条新的共同价值观。在此之前,美国运通长期以来信奉六条价值观;现在增加到八条。过去的两周内,布伦达一直思索如何让价值观容易被记住,以便人们可以更多地实践这些价值观。她决定将这些价值观分成三类——道德价值观、社会价值观和商业价值观。先不考虑她的听众会如何反应,她提醒大家,成功依赖于对美国运通的价值观的有一个明确认识。她解释了价值观如何驱动商业实践和商业结果。

然后,在介绍新的价值观之前,她展示了一页PPT。上面写着:

如果你不同意美国运通的道德价值观,你可能不应在此工作。

在做此声明时,布伦达是孤立无援的。从政策上看,这种说法显然不正确。

没有人授权她这么说。她甚至没有和上级一起讨论过。

实际上，圣多娜会议之后布伦达才把演示的材料发给她的上司。两周后，她才得到上司的反馈。在她即将向伦敦团队做演示的前一天，晚餐过后，她的上司引用了这段话赞成她：*"如果你不同意美国运通的道德价值观，你可能不应在此工作。"*

显然，作为美国运通25位"企业文化冠军"之一的布伦达，不需要担心她的介绍演示。任何职级的员工都说，当布伦达提到三类价值观——道德的、社会的和商业的——他们马上"明白"。没有一个人在提及道德价值观时产生质疑。唯一被问到的问题是，如何调和新的商业价值观"去赢的意愿"和存在已久的价值观"诚信"之间的冲突。美国运通的回答很简单：美国运通会诚信地去赢。赢不是不惜任何代价。如果有冲突，诚信是首要的。因此，冲突就不存在了。美国运通的所有高级经理将坚决主张，他们能在不牺牲一点儿其他价值观的情况下赢得市场。

布伦达·布莱克的演示为大型组织上了道德领导力的第一课：高效的领导有赖于成功整合道德价值观、社会价值观和商业价值观。你不能仅仅是一个道德领导者，正如你不能只是一名战略领导者一样。这些驱动组织的价值观并不是单独运作的。有关道德价值观的选择，是每个组织文化体系固有的一部分。询问那些杰出商业领导者的价值观是什么，你必然听到他们将"诚信"与"赢得竞争"视为同等重要，将"质量"与"馈赠社区"、"诚实"相提并论。

是否存在具有德商的组织

在上一章，你思考了一个概念，道德领导力的主要任务是将组织的价值观带到生活中，这样，员工能够将之与个人联系起来，并懂得如何将这些价值观转化为行动。带着这个目标，每位有抱负的领导者有时会问："我的工作是去影响个人或者团队吗？我领导组织，还是领导人们？有没有可能讨论一下具有德商的组织呢？"一个具有德商的组织，它的文化充满有意义的价值观，它的组织成员持续地做出与这些价值观保持一致的行为。一个具有德商的组织的主要特征是，聚集了具有德商的人。毕竟，如果你把足够多的具有德商的人放在同一个地方，组织文化也会变得具有德商。但是道德领导者明白，他们的工作超越了仅仅雇佣那些按特定方式行事的人们，正如一个具有德商的组织不仅仅是单独个体的简单相加。道德领导者鼓励组织里每个人将他们的道德准则应用于个人行为中，同时在组织内广泛创设基于道德价值观的政策、实践和奖励系统，从而促进了业绩提升的速度和质量。

具有德商的组织——鸟瞰图

PBS（Public Broadcasting Service，美国的一个公共电视机构）定期在意大利播出一个节目，就是从直升机上拍下意大利山川的精美录像。节目中没有声音，没有旁白，只有摄像头随着地形起伏、拍下的从北到南的山脉、溪谷和湖泊的移动画面。和通常的视角不同，用在地面不可能看到的高空拍摄方式，呈现给人们理解国土特点的大背景。

如果我们鸟瞰具有德商的组织，我们能看到什么？首先，我们不会看到人们仅仅是道德的，或社会的，或仅仅关注他们工作中的技术层面。我们会看到道德价值观生活在它的"自然栖息地"里，和其他社会的、商业的价值观交织在一起，这些价值观对一个成功的大型组织都很重要。我们会看到这样的领导者，他们相信，一些人类共通的道德价值观适用于全世界的人们，也适用于工作和工作之外的生活。我们会注意到这样的领导者，他们热情洋溢地谈及他们公司所拥护的信念和价值观。我们也会注意到这样的领导者，他们既富有道德能力，又具有战略天赋。

当我们升高一点，我们能看到整个组织，我们能看到应聘者被审视，确保他们的信念和价值观与公司拥护的信念和价值观保持一致。我们能看到员工被给予机会，发展将价值观转化为行动的能力。我们能看到人们解决问题和做决策的方式，与组织的价值观保持一致。我们能看到各层级的经理分享他们个人价值观和目标，并且让同事和员工为自己的那些价值观和目标负责。我们能看到，员工为领导者和公司付出额外努力，因为他们感受到来自领导者的尊重和信任。我们能看到，员工受到奖励，不是因为工作狂，而是因为工作结果。我们能看到，取得卓越结果的员工，同时为他们的家庭、社区服务或自己喜爱的兴趣预留足够的时间。如果我们凑近一点看，我们甚至能看到人们犯错误。我们能看到，错误通常被当成创新和成长的副产品，人们有机会改正这些错误并继续前进，不会被贴上消极的标签。

继续升高一些，我们能看到这样的组织，当面临经济萧条或技术变革威胁，或遭遇自然灾难时，也不会摒弃它的价值观。我们能看到这样的公司，它保持长期利润增长的记录。我们能看到这样的公司，它牺牲了自己一定的资源去帮助所在社区里的其他人。

如果我们到了一定的高度，我们能看到，在全球性组织里，道德的、社会的和商业的价值观交织在一起，跨越国界和洲际把不同语言、不同文化习惯、不同传统的人们联合起来，以达到个人和职业绩效的共同梦想。

具有德商的政策

马文·鲍尔是麦肯锡的共同创始人之一，他发现事实上那些非常成功的公司编创了自己的文化，而不是让公司文化通过惯常的自我塑造过程成长起来。许多高效领导者发现这条建议很明智。国防实验室的一个高级管理层团队参加了一个培训课程，课程是关于组织变革高压期的冲突管理。课程的组织者建议，防止组织内冲突的一种方法是发展"社会契约"——组织内每个人都认可的一种行为规则。管理层团队认为这是一个不错的主意，要求员工分小组讨论"工作的社会契约"需要包括什么。

管理者们承认，他们有些担忧。大多数员工已经在实验室工作了很久。他们看惯了各种管理措施的来来往往。他们会讥讽工作的社会契约这个想法吗？但是，当小组碰头会召开时，契约的内容范围被深入思考，且结果符合实际。当各小组讨论的结果融合成一个实验室工作的社会契约,管理者们非常惊讶且如释重负地看到,各小组的建议非常相似。

他们没有将之称为道德价值观的声明,但是他们发展成形的明显是一个共同的道德指引体系。在领导者的支持下,他们集体编创了他们希望被如何对待、他们认为应该如何对待彼此的声明。几个月过后,这些声明显然仍对小组有效。员工们把契约的复印件展示在工作隔间里和过道墙壁上——提醒他们如何让自己处于一种最好状态。在充满巨变和不间断工作负荷的一年中,当人们疲倦不堪或脾气濒临爆发之际,团队都没有发生瓦解。实验室的人们保持了一致的行动。工作的社会契约加强了实验室平安度过组织变革期的能力。

最重要的原则

早些时候,我们描述了高效领导力的关键是我们普遍信任的原则——诚信、负责、怜悯和宽恕。这些原则对组织效率来说,也是至关重要的。价值观中反映这些原则的组织,最有可能获得长远的成功。把这些原则根植入有组织文化的公司能够获得成功,是因为他们拥有更多世界上最有才华的员工。这些原则能够与员工产生强烈共鸣,以至于员工想留下来,并为组织发挥最大努力。但是,如果一个组织的生命缺乏诚信、负责、怜悯和宽恕,组织所拥护的和员工的希望与信念之间就缺乏共鸣。如果员工的道德指南与公司的行为准则不一致,他们将不会为公司尽力。

培育组织的诚信

公司应该指定 4—8 个价值观作为"核心价值观"——其中包括诚信的原则。基于这些核心价值观,组织能够运用三个关键策略去促进和展示诚信。首先,高层管理者制定一项向员工和公众表明和宣传组织价值观的沟通策略。理想状态是,由 CEO 引领这项策略:她应该谈论公司的价值观,即组织文化的核心而且要在每个可能的机会里谈论。

其次，高层管理者需要实践自己所宣扬的价值观，并坚持忠于公司的声明。许多公司的管理者没有做到这点。他们可能无须为欺诈或严重不诚实而愧疚，但会对一个常见白色谎言感到愧疚：通常，管理者进行年度绩效评估时，并没有与核心价值观保持一致地去处理那些较差的工作表现或行为。我们都听过这样的故事，公司在周五给某人一笔奖金表彰其"杰出表现"，然后在周一把他们解雇，但是，这种行为模式代价昂贵：公司里的每个人都看到，他们的管理层没有实践诚信，抑或管理层根本就不相信诚信。

再次，高层管理者邀请员工督促管理者负责任。如何建立责任制的一个例子是组建"领导力一致性特别小组"，由来自组织内各级层的12个人组成，从发信室的乔到市场总监德比，或是生产部门的负责人山姆，他们以自愿的原则组成小组。这个特别小组肩负的任务是，给CEO和高层管理者一年一次"一致性评估"。在一致性评估过程中，针对CEO和高层管理者的行为如何更好地与组织价值观保持一致的问题，从员工角度提供反馈意见。或者，公司也可以用内部互联网，针对高层管理人员的行为及是否诚信，向员工收集保密性反馈。

诚信能为信奉它的组织产生巨大回报。所有相关人员——员工、供应商、投资者和商业伙伴——更愿意和诚信的组织共事。和一个诚实的、不偏离企业使命和价值观的组织打交道是比较容易的。这是一个常识：凭借诚信吸引员工和客户的组织，更容易获得长期的成功。

负责任的组织

负责任的组织有两个标志。首先，它信奉为他人提供服务的责任。其次，它承认错误和失败。提到服务他人，有两个层次的服务。负责的第一个层次是，组织提供有价值的产品或服务。这并不意味着，你的组织如果发明了治感冒的药，就是负责的。重要的是，你的组织肩负着创造社会价值的使命。

荷美尔食品是一家郑重地将提供服务作为自身责任的公司。荷美尔食品的股

领导大型组织 11

东最近要庆祝2010年创纪录的销售业绩、盈利及股价。毫无疑问，荷美尔食品是美国杰出的公司之一，曾被福布斯杂志评为10年来"最佳大型公司400强"。然而，CEO杰夫·埃汀格最引以为豪的一件事是，荷美尔食品长期致力于服务他人。2005年美国飓风发生之后，荷美尔食品捐赠了食物和钱，鼓励在职员工和退休员工参与帮助灾后重建。目前，荷美尔食品致力于帮助发展中国家抵抗饥饿。正如杰夫解释的：

> 我们若干年来积极回馈社区、做慈善、为赈灾作贡献。两年前，我们启动一项计划研发一种新的蛋白质。这种蛋白质叫施巴米，旨在克服营养不良。目前，我们和美国粮食济贫组织与慈善机构合作，关注于缓解危地马拉的饥饿。危地马拉儿童的营养不良比例全世界最高，施巴米旨在帮助解决这个长期存在的问题。2011年，我们将向危地马拉的贫困人员发放一百万罐以上，将来这个目标会扩大，包括对其他国家扩大发放。

荷美尔食品公司作为一家负责的公司本身，和它的商业成功之间有着不可否认的联系。然而，尽职地服务他人所带来的好处，远远超越最低期望。承诺服务他人的公司，吸引并留住了才华横溢和精力充沛的员工。杰夫·埃汀格最早在一次销售会议上介绍施巴米时，他介绍道：

> 这项产品只占用我演讲的5分钟左右时间，但之后有80%的问题和评论将与之相关。人们想知道，公司正在做正确的事。我们将创新的传统用于慈善，我们的员工真正以此为豪。有趣的是，我们在这个项目上投入一些钱，获得的回报明显超过了项目本身，它能够促进员工的工作投入和创造力。这不是我们做这些项目的原因，但是，这是一项有趣的额外收益。

荷美尔食品公司致力于制造有益他人的产品，相比之下，那些制造危害产品或提供有争议服务的公司，将他们的长期业绩置于风险之下。他们可能一时获益，但终将衰退。菲利普·莫里斯公司就是一个例子，它奋力挣扎于危险性核心产品和愿意为社会负责两者之间。菲利普·莫里斯公司销售香烟。没有人会无视它的核心产品带来的危害性。但是，菲利普·莫里斯公司也赞助了针对儿童的抵制香烟广告，并且对慈善事业慷慨解囊。需要承认的是，菲利普·莫里斯公司对社会责任方面的努力是法院下令的，是诉讼的结果。公司可以通过分散业务，让香烟销售不再是唯一的利润来源，公司就不会那么具有侵略性。你可以把菲利普·莫里斯公司所做的承担责任的努力看成仅仅是一场公关的烟幕。你的想法可能是对的。但也有可能是，菲利普·莫里斯公司确实想承担责任，而不是给股东们创造一场由于突然退出核心业务所引发的灾难。

公司应对自身产品所产生的负面后果负责的另一个例子是卡夫食品公司，卡夫食品公司是奥利奥曲奇、奥斯卡·梅尔培根、免煮奶酪通心粉的生产商。2003年，卡夫食品公司宣布停止生产针对学生的高脂肪食品，并且发起一系列促进健康饮食的举措。同样在2003年，卡夫食品公司已经花了超过1700万美元，增加在美国"食物银行"水果和蔬菜的投放量（译者注：美国的"食物银行"是一项慈善活动，人们可以从中免费领取食物）。你可能会推论，卡夫食品公司只是试图防止最早见于快餐连锁店的类似诉讼，即一些肥胖顾客将健康问题归咎于食物供应商。令人充满希望的是，卡夫食品公司正在做值得信赖的努力，以确保它的产品不会带来害处。无论哪种动机，卡夫食品公司通过鼓励人们做出明智的营养选择，为广大顾客提供服务。

像菲利普·莫里斯和卡夫食品这样的公司，在没有改变他们核心产品的情况下努力承担责任，另外一些公司通过确确实实将他们的产品变得更好来服务客户，展示出负责任的精神。财务咨询公司IDS的CEO哈维·戈卢布就是这么做的。他将IDS从一家交易服务公司转变成一家提供客观的理财规划服务的公司。要理解这个转变有多深刻，需要追溯到20世纪七八十年代，当时的金融服务行业因不正当的交易臭名远扬。

看看当时一个在交易所工作的人写的评论：

领导大型组织 11

这是一个忙乱嘈杂的场所，房间里挤满了正在讲电话、互相呼喊的股票交易人。我看到我前面的一个人扣住电话，然后大喊："我们有一块半的产品吗？"有人回应道："XYZ股票。"那个人重新接起电话，然后吹捧XYZ股票的优点。我离开了以后，问朋友"一块半"是什么意思。他告诉我，指你花1块钱买股票，其中有50美分的提成——就是顾客花1美元买了只值50美分的股票。很明显，推荐XYZ股票的那个家伙不关心欺骗顾客，只对自己收入最大化感兴趣。

显然，人们会怀疑股票经纪人，他们当中的许多人对自己的荷包更感兴趣，而不是帮助他们的顾客。这是"我一代"，一个过分的年代，一个华尔街与贪婪是同义词的年代。美国运通邀请麦肯锡咨询顾问哈维·戈卢布，分析在金融咨询行业有发展潜力、值得收购的公司。戈卢布研究了IDS，IDS当时是明尼阿波利斯市一家小公司，通过提供长期投资和保险产品为顾客创造财富。戈卢布的研究显示，IDS的顾问们给出很好的理财建议。顾客能够从顾问的建议中获益，哪怕顾客打算在其他地方购买理财产品。IDS的顾问没有使用强行推销的策略。他们把帮助顾客达到理财目标放在首位。戈卢布认为IDS拥有正确的想法。IDS规模很小，但是它的原则可以扩展。因此，他推荐美国运通收购IDS。

美国运通同意了，但是有个条件——戈卢布出任CEO。戈卢布坚持顾客至上、以顾客为中心，让IDS（后来的美国运通财务顾问公司）成长起来。他承诺，为顾客准备的理财规划文件必须客观。IDS的推荐建议不能偏向IDS的产品。理财顾问可以推荐符合客户目标的IDS产品，但是也要告知顾客，如果选择另一家公司购买理财规划产品也是可以的。他还坚持理财规划必须独立于产品销售，尽管他清楚，如果只卖理财规划产品，公司无法盈利。但是，戈卢布说："我们打算成为一个理财规划公司，帮助顾客做出谨慎仔细的理财决策。"当时，金融界精英们都只是在"做生意"，这是很令人不可思议的建议。

许多业界人士都认为IDS会倒闭，尤其是戈卢布的前任调低了顾客为每笔交易支付的销售提成。销售梯队中出现反抗情绪。许多顾问威胁要退出。但是，戈卢布坚信这是在做正确的事，因此，IDS 降低了销售任务。虽然当时 IDS 失去了一些顾问，但是，重要的是，留下来的人能够理解驱动戈卢布所定战略的价值观。

虽然权威人士有他们的疑虑，但戈卢布的价值观驱动战略获得的回报让世人瞩目。从 1984 年到 2000 年，IDS（之后更名为美国运通财务顾问公司，目前名为阿默普莱斯金融公司，即 Ameriprise Financial，缩写是 AEFA，是一家独立公司）每季度至少有 15% 的利润增长，公司的毛盈利从 6000 万增长到超过 10 亿美元。2005 年，AEFA 从母公司分拆出来之前，让美国运通在 9·11 之后的萧条期仍保持盈利。提供有意义的服务、成为负责任的组织，无疑是做了道德上正确的事，但是，AEFA 的成功证明了，以价值观为基础的商业实践在战略上也是明智的。在 AEFA，金融顾问从为客户提供有价值的服务中，感到充满活力。这里的大多数金融顾问讨厌给客户施加购买产品的压力。反过来，客户会重视那些能够帮助他们达成理财目标的可靠建议。作为一个负责任的、有服务导向的组织，能与员工和客户产生强烈共鸣。毫不令人惊奇的是，CEO 吉姆·克拉奇罗领导的 AEFA，在股市下滑的 2008 年和 2009 年仍然运转良好。截至 2011 年 1 月份，它的市值从前两年跌到 10 美元左右，已经回升到现在的每股超过 60 美元。

作为负责任组织标志的第二个维度是：愿意承认错误和失败。如果承认错误对于维持员工对组织的承诺至关重要，那么，这对维护客户忠诚度也是非常重要的。一些公司似乎生来就明白这个道理；另外一些公司试图掩盖有关错误的真相，从而惨遭失败。为错误承担责任可能在短期内是痛苦的，但是承认过失并采取措施弥补错误，巩固了顾客忠诚度。顾客知道，他们可以信任一家告诉他们真相的组织。明尼阿波利斯的曼彻斯特公司总裁及 CEO 马克·谢弗特，解释了承认错误的商业价值：

> 我有一段很有意义的经历，那是在担任第一信托总裁和 CEO 期间，当时的第一信托后来成为第一银行的一个部门，现在归属于美国银行。我知道我们存在一些必须去处理的问题，但是我很快发现事情比预想的要严重。我

们为参加401K计划（译者注：401K计划是固定分担额退休金计划的一部分，名称来自美国1978年《国内税收法》401条第K项的规定）的人群所提供的报表完全是错的。你敢相信吗？我们当时亏损8个亿。我与经理们见面，问我们应该做什么，答案五花八门。一些人认为，在我们补好漏洞之前，我们应该巧妙应对当前处境，实质上就是传递错误信息和欺骗。我采取的立场是要为我们的客户着想，我们将告诉客户真相，告知他们员工报表上有三个月的数据是错误的。我亲自拜访客户，包括像3M、通用磨坊公司、美敦力公司。我告诉他们，我们遇到麻烦了，我说"我们需要你的帮助"。我认识到这句话是这么有力量，直到现在，我还和我们的客户、员工，几乎所有人使用这句话。我们请求他们支持我们，我们能够修补问题。我告诉他们："我保证大家再也不会损失一分钱。"这些客户本来可以说："我们要到其他地方开展业务。"因为我知道，所涉及的财务亏损是庞大的，但是我也真的相信，如果我们能够站在客户支持的道德立场上，客户会支持我们。我们展示出诚实和直率，大多数客户做出不错的回应。我们只失去了一小块业务。监管机构、客户和员工都很高兴。第一信托逐渐变成全球最大的信托公司。

证明承认错误是很重要的一个最有戏剧性例子是在1982年。美国强生公司的泰诺胶囊沾染氰化物，致死七人。当时的CEO是詹姆斯·伯克，他很清楚地知道上哪儿去寻找解决方向——公司40年历史的"信条"，这是一份单页文件，开头这么写道："我们相信我们的首要责任是为了医生、护士和病人；为了父亲和母亲；以及使用我们产品和服务的所有人。"美国强生公司空前规模地召回市面上流通的3000万瓶泰诺胶囊。还马上停止胶囊的生产，并用了防止沾染的药片取而代之。同时公司立刻与公众和媒体沟通，美国强生公司的开放性和对公众安全的关切起到了效果。最终美国强生公司克服了最开始的损失，并在几个月内恢复市场份额。

2004年，制药商默克集团主动召回治疗关节疼痛的药物万络，三年临床试验表明，使用该药的人群患心脏病和中风的概率增大。默克集团在关心使用它产品的人们方面享有盛誉。它不计成本地研发并在全球一些不发达地区发放一种治疗河盲（译者注：盘尾丝虫病）的药物。据沃顿商学院研究法律和伦理的教授托马斯·唐纳森说，默克集团"一直强调，也正在实行，公司把关心顾客健康放在第一位，如果我们做到这点，我们就会赚钱。如果我们把赚钱放在第一位，我们将失去我们的业务"。托马斯还补充道："你可以质疑默克集团在这点上做到什么程度，但这不是昙花一现。这点将被持续地执行。"

相比默克集团和强生公司对产品缺陷所采取的处理措施，费尔斯通轮胎也召回过牵扯进致命 SUV 交通事故的 2000 条轮胎。费尔斯通起先不愿意更换有缺陷的轮胎，声称是车辆的问题，而不是轮胎的问题。媒体随后曝光费尔斯通之前已经知道问题且没有采取任何措施。媒体还报道，费尔斯通早先拒绝召回在沙特阿拉伯出售的有缺陷的其他型号轮胎，因为每一项召回都需要将问题报告给美国国家高速公路交通安全委员会（NHTSA）。取而代之的是，费尔斯通瞒着 NHTSA，背地里悄悄启动轮胎更换计划。结果是？《时代》杂志的丹尼尔·艾森伯格在报道费尔斯通轮胎事故时总结道："由于以沉默和否认为特点的、糟糕的危机管理，费尔斯通品牌的信任度几乎荡然无存。公众对任何的费尔斯通轮胎感到恐惧——虽然大多数是安全的。"

为了促进承担责任，CEO 们应该仔细考虑成为一个"负责任的人"代表什么含义，就此与经理们沟通，支持组织内负责任的员工获得提升。一家由负责任的员工组成的公司是一家负责任的公司。CEO 们可以根据下面的"责任心清单"对经理们进行考评：

责任心清单

为个人的选择负责

当我做出的决策导致了错误，我会承认。

当我犯了错误，我承担起修正局面的责任。

当事情朝着错误的方向发展，我不会归咎于他人或者环境。

承认错误和失败

我往往会承担我自己的错误和失败。

我愿意接受我犯错的后果。

我把我的错误当成一个改进工作表现的机会。

我和同事讨论我的错误，以促进对风险的容忍度。

拥护为他人服务的责任

我相信并通过我的行动展示，领导力重要的一面是服务和支持他人。

我关注我同事的发展需求。

我花费相当多的时间，为我的同事提供资源和扫清障碍。

以上清单不仅可以作为一个自我检测的工具，CEO们还应该和高层管理者讨论这个清单，并要求他们根据自己的表现进行1（从没有这么做）到10（经常这么做）的打分。CEO应该与管理者们讨论他的期望：哪一项是最重要的、哪一项最需要坚持，并且必要的话，和管理者们一起提升他们的得分。然后，管理者们可以相应地在各自部门内开展负责的工作。

有怜悯心的组织

在日常商业运作中，具有怜悯心的举措在大型组织的蓝图中是很渺小或细微的。但是当危机来袭，很容易看出真正具有怜悯心的组织和那些口惠而实不至的组织之间的区别。艾伦·菲尔斯蒂恩（Aaron Feuerstein）是迈登迷（Malden Mills）公司的前总裁和CEO，迈登迷是一家以生产革命性的纺织材料Polartec而闻名的公司。1995年12月一个寒冷的晚上，一场大火把迈登迷公司在马萨诸塞州劳伦斯市的工厂吞噬了。那个年代正值裁员，许多同僚都劝艾伦·菲尔斯蒂恩在海外开设工厂——这个决策可能导致国内减少3000个工作岗位。艾伦没有采纳他人的建议，反而在国内重建工厂——并且在三个月内工厂重建期间支付员工工资。他说："我认为这是一个明智的商业决策，但是这不是我这么做的原因，我这么做是因为这是正确的事。"

迈登迷公司与保险公司、政府官员周旋，不仅是为了重建工厂，还花费额外的钱建设最安全的纺织工厂、在新工厂建设期间关照员工。两年后的1997年，艾伦的决策被证明是非常正确的。迈登迷公司年销售额达到创历史纪录的4亿美元——比大火发生之前多得多。虽然艾伦有争议的决策导致财务问题和申请破产保护，但是迈登迷公司从破产中获得了新生。

有时候，不管公司的意图如何，裁员必须有利于公司——为它的顾客、股东和剩下的员工。一个组织处理裁员的方式，比任何其他行为更能显示出它的组织个性。这是一个将道德、社会和商业价值观融合一体的能力测试。单独回应怜悯心的召唤，可能会诱使一个组织付出财务生存的代价来避免裁员。但是，一个具有道德的组织如果不顾底线，将无法支撑足够长久让每个员工领薪受雇。因此，面临严重财务困难的道德领导者，不是去应对是否需要削减员工规模的问题，而应考虑如何用一种富有同情心的方式让那些受影响的员工软着陆，同时让核心员工留下来。

在我们高成就导向的商业文化中，自我责难很普遍。我们经常发现管理人员比起他们的上司，对他们自己更加挑剔（更少宽恕）。一个具有德商的领导者能展示怜悯的最好方式之一是，挑战管理者们的过度自我批判。当然，这意味着领导者拥有足够的人际技巧和与下属的联结，能够发现下属批判性的自我对话是什么。是的，这种挑战可以成为拥护怜悯，并使之成为组织核心的一个好办法。在某种程度上，员工将他们宝贵的精力消耗在消极的、自我批判的内部对话中，他们就无法把这些精力贡献给追求战略规划的组织。

最后，有怜悯心的公司将把帮助他人放在关照自己之前。例如，拉尔森制造公司在社区倡导大规模的志愿者工作，包括社区栖息地项目和男孩女孩俱乐部。拉尔森公司让所有员工与当地的联合劝募协会（United Way，译者注：美国的慈善组织）对接，拉尔森公司的员工表示，在2010年他们将比上年增加25%的劝募目标。此外，拉尔森家庭基金建立的南达科他州儿童博物馆在2010年正式开放。另外一个有怜悯心的组织是ID媒体，它找到了一个帮助抗癌的绝佳途径。它在公司内建一个咖啡吧，有专业的咖啡师、琳琅满目的咖啡和冷饮，员工享有1到2美元的优惠。ID媒体将所有的收入捐赠给美国癌症协会和吉尔达俱乐部，吉尔达俱乐部是为癌症患者提供支持的一个全球性团体。

有宽恕心的组织

宽恕是组织接纳员工错误和失败的一种能力。宽恕之所以关键有两个原因。首先,员工需要认识到他们有犯错的空间。如果因错误被不分青红皂白惩罚,组织的情绪氛围会对最优秀的员工失去吸引力,他们将去寻找更加友好的工作环境。其次,宽恕是创新和成长的基础。创新意味着探索无定式的未知世界。风险将会遭遇,错误将会产生。有些事行得通,另一些则行不通。除非组织接纳需要花一定的时间原地转圈或走进死胡同这个事实,否则组织无法开疆拓土。

当3M的项目工程师雷·兰格被问到3M的勇于创新是否在公司内制度化,他说:"是的,确实如此。我们被鼓励在项目中尝试新东西,如果这些新东西行不通,也不会接受惩罚。因此,我们已经创造出许许多多世界上无人能及的工艺。"

有趣的是,美国海军陆战队是一个将宽恕体制化的组织。《美国海军的30条管理法则》的作者戴维·弗里德曼说:"大多数管理者都说他们给了下属犯错的空间,但是海军对过错的容忍度足以让管理者们毛骨悚然。在某种程度上,他们要求失误:极少犯错的海军陆战队队员意味着他们只是不会挑战极限、只会按部就班的海军陆战队队员。"

实践宽恕的决定性奖励是:没有风险的容忍氛围。如果犯错是高风险的,员工将会很恐惧,以至于不敢承认错误或提供反馈,因此,问题无限期延续下去,每年公司因此可能花费数百万。北美安联保险公司的市场营销首席运营官南希·琼斯认为,创造容忍错误的组织文化是很重要的:

> 我有个"不惊讶"哲学。我不希望我的上司,也就是CEO,从其他人身上或以不正常的方式发现过失,因此,我会承认我或我的团队所犯的错误,以及我们打算怎么处理错误。我告诉他们,承认错误不是软弱的标志。承认错误实际上是强大的标志。这就是惧怕问题的组织文化和解决问题的组织文化之间的区别。举个例子,当我还是总监时,有个下属来找我,她对所

发现的严重错误感到非常沮丧。她找到了原因和解决办法，并且承担了所有责任，虽然这是供应商的过失。我告诉她，你做了正确的事。她感到被支持，我也感到她的忠诚和拥护。之后，她的工作非常出色，不再惧怕把错误暴露给我。

最有宽恕心的公司通常最具创新精神，但是这些公司也明白如何设限。如果你想增强你公司的宽恕心，为创新行为建立"限制"——例如，设置团队成员能用于自己或团队内创新性项目的工作时间百分比，或者设置经费限制，容许员工能够用一定的部门经费进行创新。但是，如果你想建立一个真正有宽恕心的公司，请确保你支持这项举措——而不仅仅是所带来的积极结果。把你团队成员的错误视为学习过程的插曲。爱迪生说过："我没有失败过。我只是尝试了1万种行不通的做法。"如果你想建立一个有小爱迪生的组织，为创新过程和伴随的失败喝彩吧，而不仅仅追求结果。

促进你的组织增强宽恕心的另一种方法是，建立学习型组织（而非惩罚型组织）。赞赏你的团队成员为学习付出的努力。宽恕错误并分析错误，而不是严厉惩罚。

和其他价值观一样，宽恕也不能被单独实践。扬雅广告公司的彼得·乔治斯库回忆，有一次，两名年轻的员工在互联网上发现一些种族主义笑话后，开始在周围散播。很可能，他们并非想要冒犯他人，他们只是没脑子。彼得对此很纠结担忧。他明白，任何人都会犯错误，但是公司对这样的行为有零容忍的政策。这是拿人们的生命和自尊开玩笑。他让这两名员工离开公司，他经过判断认为这不仅对组织最有利，对员工的道德发展也有好处。这一举动在整个组织内赢得称赞。彼得通过领会每项可能选择的影响，展示出他的德商。他还通过采取行动，展示出道德能力。正如彼得所展示的，领导者坚持将道德技巧付诸实践，与员工之间能产生共鸣。

为价值观而招聘

你的组织的基本单位是员工个人。你的组织正是依靠员工来从事有原则的行为。雇佣合适的员工——那些和你的公司有相同价值观,并且一直按这些价值观行事的人,对于创造一个有道德能力的组织来说,是最重要的杠杆。

《从优秀到卓越》的作者吉姆·科林斯发现,雇佣合适的员工是多年来标准普尔评级出色的公司区别于其他公司的关键标志。当快速公司网站(译者注:Fast Company 是与《财富》、《商业周刊》齐名的美国最具影响力的商业媒体)问吉姆·科林斯,他的研究中给出的回应经济下滑最好的办法是什么。他说:

> 如果我今天运营一家公司,我会把一件事放在首位:尽最大可能去网罗最优秀的人才。我会放开其他一切。因为经济危机终将过去。我的飞轮将会重新开始运转。我的组织获得成功的唯一最大约束是,如何获得并抓住足够多的合适员工的能力。

不要把招聘委托给你的人力资源部门。尽可能多地负责你的招聘流程,同时也要符合雇佣的相关条例。可能的话,避免匿名的报纸广告。持续地网罗,可以使你有很多潜在候选人和推介资源。让你的人际网络知道,什么样的人为你的公司工作是你感兴趣的。在谈论你组织的价值观时,不要犹豫。从你的人际网络中招募,人员保留率更容易有显著飞跃,并对你的组织绩效带来积极影响。为什么?因为认识你的或通过你的人际网络和你联系的新员工,更会认同你的价值观,在时局动荡时留下来。

强调价值观,从高层做起

在《原始领导力:了解情商的力量》这本书中,丹尼·格尔曼、理查德·博亚兹和安妮·麦基描述了他们的领导力模型。他们认为，最杰出的领导者是那些能够引起共鸣的领导者。能引发共鸣的领导者运用他们的情商，创造出充满积极情绪的工作氛围，在这种氛围之中工作效率最高。同理，我们可以这么补充：最优秀的领导者运用德商和情商，创造出组织内共鸣。人们自然愿意追随那些忠于道德原则和价值观的领导者。当人们相信组织和领导者实践着他们宣扬的价值观，人们会变得精神抖擞。一个组织按一系列的信念运转，而这些信念能与员工自身信念产生共鸣，当员工在这样的组织内工作，他们自然愿意在工作中尽最大努力。

组织的现实是，我们不能奢望与具有完全道德能力的员工一起工作。让组织与价值观保持一致，和让任何个人与价值观保持一致一样，都很有挑战。这就是为什么领导者应该寻求任何机会去强调价值观。培训是强调价值观、提升道德能力的关键。高层管理者可能对培训课程厌倦，并且误以为他们自己是不需要再教育的成品。但是价值观从高层做起，因此高层管理者和其他员工一样，都要磨炼他们的道德判断力。

正式奖励的力量

心理学家告诉我们，人们会去做得到奖励的事。组织奖惩机制强调了道德能力行为和目标实现，这点是很重要的。不幸的是，对违反诚信原则的奖惩机制并不常有。媒体报道被解雇的 CEO 们一路笑着去银行、CEO 们不管年终巨额亏损与否仍能获得数百万美元奖励，金字塔式的薪酬体制对高管们作出超出他们实际贡献的奖励，这些是常见的。相比之下，百思买 CEO 布莱德·安德森（现在已退休）在 2004 年减持了两百万份公司股票期权。那时，他已持有市值大概为 7800 万美元的公司股票，他要求把减持的期权分配给非管理层员工。布莱德的举动是在努力创造公司奖励的平等性，虽然没有人——包括布莱德在内，会认为是他挣的太多了。但是，他承认自己不需要更多了，这点为公司其他高层管理者传递了公司盈余的有力信息，同时为那些做对事情的普通员工创造了更丰厚的奖励资源。

保罗·克莱顿坚持通过有意义奖励，传递积极的信息。保罗回忆起当他担任北美汉堡王公司总裁时，曾让他的管理团队相信他非常认真地对待员工奖励。

> 在汉堡王，我们对表现杰出的基层经理有个颁奖项目。有一年，我们邀请他们到迈阿密总部来。在颁奖庆典上，总部的600名员工为获奖者现场鼓掌欢呼。当他们进入会场圆形大厅，他们的照片显示在我们的"名人墙"上。在颁发奖项时，让我很震撼的是，有位基层经理连续5年表现都是最杰出的。我和身旁的HR人员说，我们应该奖给他一辆汽车。HR人员回答："我们不能这么做，因为我们没有这项预算，我也没有这项权力。"我提醒他，我是总裁，我认为我可以批准这项支出。当我把这个想法跟财务团队说时，他们认为没问题，但提议奖励一辆花不了多少钱的经济型汽车。一个财务人员说："作为奖励，什么样的车在他认为应该是没有区别的。"但是我的想法不同。我告诉他们："我考虑用一辆宝马。我不在乎预算。我想让人们知道，我们真诚地对待他们所作的贡献。"当我上台宣布公司将奖励这位杰出的基层经理一辆顶级配置的宝马3时，全场都疯狂了。这位基层经理的太太上台来拥抱我和她的先生。然后，这位基层经理跑下台去打电话给他的祖母报喜。

成功的故事

在商业操作中，道德价值观与其他价值观交织在一起，你如何将道德价值观与业绩联系起来？美国运通通过讲述故事来做到这点。美国运通在澳大利亚的团队获得了久负盛名的"总裁奖"。经理立刻组织团队庆祝这一荣誉。他明确地将美国运通的价值观和他们团队的成功联系在一起。他讲了每个人如何按美国运通的价值观行事、以此如何获得总裁奖的故事。这位经理不仅为他们获得的成绩欢呼，还颂扬了指引他们获得成功的价值观。在具有道德能力的组织中的领导者，从不把价值观看成是理所当然的。他们提倡、运用这些价值观，并确保员工看到价值观如何转换成商业业绩。

理想与现实

哪怕在一个忠于价值观的组织中，你也能经常发现一些没有正确运用价值观的管理者。哪里有不完美的管理者，哪里就有挑剔的员工看到并且说："他/她没有按价值观行事，那么……如果我的上司无视价值观，为什么我应该恪守呢？"或者"为什么我应该为并没有尊重我的管理层努力呢？"如果员工抱怨你的下属，你有责任单独处理那些不合格的行为。就像肯·陈纳德告诉员工的一样，你传递给员工这些信息也很重要："这里没有借口使得个人行为与美国运通的价值观相左。你不能等到所有人的行为都与价值观保持一致，才开始行动。不要期望领导者都是十全十美的。"

价值观和全球性组织

越来越多的公司不仅做跨国生意，也在全世界开办分支机构，雇佣当地的员工。想象一下，如果缺乏一些共同的信念，不同国家的员工交流起来将会多么困难。没有共同的价值观，商业运作无法开展。建立在普遍性原则基础上的共同价值观，能够把全球各种各样的员工联合在一起。在一个国际冲突严重的时代，我们相信在商业领域——不是在政治领域，来自不同民族、不同种族、不同宗教传承的人们将会发现他们共同的道路。

12

创业者的德商

从规划起步。想象一下：你的新公司有非常棒的商业点子、热切的投资者以及黄金地段。拥有你可以支配的资源，你有机会去实现你最喜欢的梦想和抱负。你也有力量从无到有营造高效文化。没有之前遗留的员工，没有不必要的官僚主义，没有需要跨越的历史。你如何开始？你会使用你的权力去建立一个基于普遍性原则、有崇高社会目标、员工有道德能力的公司吗？创业者很少带着一个明确的道德关注点开始创业。他们犯错误，最严重的失误往往在道德层面，而不是在战略或操作层面。当创业者缺乏前后一致的道德能力水平时，他们的公司通常会衰退，或者完全失败。没有道德领导力，哪怕再特殊的商业模式也不能存活下去。渴望成功的创业者不仅必须掌握商业挑战，还必须使他们的公司与诚信、负责、怜悯、宽恕的原则保持一致。

明尼阿波利斯的道德无知。在1970年代，一群创业者开始了一项名为"明尼阿波利斯传播"的电话营销业务，主要是销售《明尼阿波利斯》杂志的订刊。"明尼阿波利斯传播"负责订刊销售，每销售5美元订刊，就支付1美元给杂志。公司在订刊市场营销方面很有创新性，但是合伙人的贪婪和不负责注定了公司走向失败。合伙人的失败在于他们没有认识到，杂志发行商会对他们微薄的利润份额不满，这会导致发行商寻求途径榨干电话营销公司的利润、和另一个营销商合作是迟早的事。当创业者遭到挤兑，他们没有财务储备去重新调整他们的策略。他们天真地把公司当成他们的现金牛，扣出成本后赚的钱都直接进入个人银行账户。因为他们的商业视野如此狭隘，这些"明尼阿波利斯传播"合伙人们甚至没有想到他们对员工的、对商业持续性发展的责任。

其中一位比较聪明但是却更贫穷的创业者，和一位新的商业伙伴合作，开办了另一家公司叫"双城电话营销"。他已经吸取之前教训，因此，他的新公司将对订刊行为收取一定费用。第一个客户是一份看上去在挣扎中的报纸《双城女性》。当《明尼阿波利斯》杂志有了新的发行商，并且更换了一个新的名字《明尼阿波利斯圣保罗》时，双城电话营销公司也获得了《明尼阿波利斯圣保罗》的订刊销售业务。之后，双城电话营销公司与《双城》杂志继续保持业务合作，而《双城》杂志被《明尼阿波利斯圣保罗》杂志当成竞争对手。双城电话营销公司知道，自己能够把两份杂志都推销得很好。像酒店或写字楼这样的很多顾客，两份杂志都会订阅。公司的计划是帮助自己的两个客户都获得成功，但是，它小心翼翼地没有提及自己和任何一家杂志的关系。这是一个致命的错误，当《明尼阿波利斯圣保罗》杂志得知双城电话营销公司为自己的主要竞争对手工作时，《明尼阿波利斯圣保罗》杂志撤销了合约。双城记电话营销公司的所有者从没有认为他们是不诚实的，但是他们确实是不诚实的。诚信原本能够让他们在接受第二份杂志业务之前，尽全力说服两份杂志的负责人相信由他们一家来代理两份杂志是一种双赢局面。

以上这些冒险行为说明了，商业悟性依赖于好的商业计划，同样也依赖于德商。这两家新创立的公司一开始业务成功随后瓦解，是因为他们在诚信和负责任方面还存在欠缺。和大多数创业者一样，这个团队要经历好几次错误尝试之后才能学到原则和价值观的重要性。那些早期商业失败的案例也指出了，道德能力对于一家小公司来说是多么关键。诚信或责任的过失，对于有能力去消化一定数量错误的大型商业组织来说，可能不是致命的。但是，对于大多数小型组织来说，偿付能力与破产之间仅有几步之遥。

没有方向盘的驾驶。 KRW 国际是美国国内一家首席执行官教练公司，成立于 1990 年，致力于为财富 500 强的执行官提供专业咨询服务。KRW 的公司老板在他们客户所关心的诚信和负责方面表现很好，但是那些原则并没有一直扩展贯彻到他们的组织内部。在开始的几年中，公司所有者的态度是"好玩并赚钱"。当他们的服务需求增长到超出应付范围之外时，公司合伙人没有主动思考什么样的组织和员工是他们需要的。相反，他们对当下需求做出反应。他们雇佣了签约顾问，并发现这些顾问不会坚持太久。他们用低薪雇佣了行政人员，并让行政人员拼命干活。这些人也没有待久。KRW 的公司合伙人花了一段时间才明白，如果他们对员工不负责，员工也没有理由对他们负责。

幸运的是，KRW 雇佣了行政主管凯利·盖勒摩恩，她变成了公司的道德战士。凯利不止一次面质公司老板："有太多工作，干活的人又太少，在期限之前完成是不可能的。"她成功地促使公司创造让咨询顾问和行政人员都能够留下来的工作流程。公司业务持续增长，直到 1994 年一个主要客户突然取消了合同。这让 KRW 的公司老板非常震惊，他们很快决定因为业务缩减要不得不裁掉大多数员工，以保证公司财务。这个决定欠缺考虑，无论是在商业层面还是道德层面……

秋天里美丽的一天，KRW 的员工聚集一堂，庆祝公司一年一度的十月狂欢活动。当公司老板们走进房间，员工期盼庆祝活动开始。但是，公司老板们却在这个时候宣布大规模裁员。很快地，人们哭着跑出房间去给他们的配偶和朋友打电话。KRW 的公司老板是开放诚实的，但是他们的举措如同没有打麻药的手术。后来这又演变成了不必要的手术。每个人得到了丰厚的遣散安抚费用。但很快地，大多数员工被重新雇佣作为独立合同工，因为 KRW 在这方面仍然有大量业务。没过多久，KRW 的那位主要客户又续约了，公司重新雇佣了许多之前的员工。这使得有些员工没有损失任何薪金，还得到了意外之财——三个月假期。如果 KRW 的公司老板们之前能退一步考虑每个人的需求，而不是首先想到他们自己，他们就不会损失像现在这么多钱。

德商2.0版

KRW在1994年业务不景气时犯错误，是消极情绪和道德病毒的结果。KRW的公司老板们以"好玩又赚钱"的目标开始他们的业务。一旦发生某些事情威胁到这个目标，恐惧占上风，他们失去了反思和自我意识的能力。进一步说，因为他们的目标没有与更深层次目标保持一致，所以没有压倒一切的责任意识，就不能能够帮助他们克服首先顾好自己的冲动。

KRW应对了那次危机并很快重新赢得了良好的发展势头，在1998年一次公司会议上，凯利·盖勒摩恩和她的行政人员再次宣称他们工作压力很大、不堪重负，如果公司不做出改变，许多人会离开公司。KRW的公司老板和咨询顾问们理解了这个信息。这是一个转折点。行政人员的强烈感受促使整个管理团队，去询问为什么事情会变成这样。显然，金钱奖励只是在KRW工作的动机的部分原因。一些员工表示，他们的理想目标是"让世界变得更美好"。许多员工对这个目标产生强烈共鸣。另外一些员工担心如果顽固的高层听闻这个美丽但不现实的使命宣言，KRW会输掉生意。最后，他们共同希望做一些有抱负又很棒的事去争取成功。在接下来的几个月，凯利带头努力，去定义从他们刚刚清晰表达的目标中延伸出来的组织价值观。凯利说："如果我们要成为一个道德上诚信的组织，我们的所作所为需要与我们的目标保持一致。"在创办这家公司8年之后，"做正确的事"成为KRW公司文化中一个很明确的部分。KRW对共同目标的集体承诺造就了灭亡和存活的差别，要知道在过去几年中，KRW的公司老板很少意识到这点。

KRW进入了高速发展轨道，它在CEO教练和高管发展方面的特色获得了媒体的认同。在2000年，它的营业额增长了27%，它的咨询顾问数量也增加了三分之一，办公场所扩大到原来的两倍，还积极招聘更多员工支持预期的未来发展。到了2001年6月，KRW承接了很多业务单，以至于业务单多到让公司一位不知所措的老板授权顾问团队，在得到进一步通知之前停止进行市场开拓。后来形势发生变化仅仅三个月后，就在9·11发生之后，KRW的营业额直线下降。这次，过去的道德教训重现。公司老板们不管压力多大，发誓要保持公司运转。他们削减了自己的薪水，抵押了房产，做了他们能做的一切，让员工尽可能长久地留下来。每周，他们向员工更新公司的财务状况。有好几个月，消息都很不利。每个人都能看到墙上的板书，当两轮精挑细选的裁员最终来临时，被裁员工都对给予他们时间做换工作准备而感到感激。留下来的员工与被裁的员工一样经历了艰难的日子。咨询顾问的薪水削减，行政人员的工作时间缩短。公司老板们暂停领取自己的工资。一半的员工走了，办公室看上去——感觉空旷的像一座鬼城。但当初选择留下来的人，最终一个都没有离开。也许他们留下是因为就业市场太低迷了，但是，如果你问起 KRW 的员工为什么留下，他们会告诉你："我相信 KRW 正在努力的一切。"如果你问 KRW 的前员工，如果他们被邀请会不会回来，回答几乎都是"会的"。KRW 在一年之内转亏为盈。好多咨询公司没有熬过 2000—2002 年的经济萧条期。KRW 在创立之初也许像没有方向盘就上路的车辆，但是之后它学到了指引性原则的价值，这些原则指引着 KRW 安全度过了最黑暗的日子。

小型组织的道德价值观

本书始终强调的道德价值观，对于不同规模大小、营利或非营利的组织来说，都是至关重要的。无论在哪儿，诚信、负责、怜悯和宽恕是不可否认的价值观。虽然这四条核心的原则是相同的，一个组织面临的道德挑战通常根据组织规模大小而定。

调查一下小型组织工作的员工，你会发现小型组织和大型组织的特点差异。小型公司的员工通常享有决策自由。一些人看重风险和冒险，另一些人看重小城镇的亲近感或希望可能产生更大影响。另一个区别在于，小型组织领导力的透明度。创业者或小型公司的 CEO 们生活在金鱼缸里——每个人都能看到他们做的每件事。驱动领导行为的信念和目标很清晰。因此，道德能力对小型公司领导者尤其关键，因为道德缺陷无法隐藏——糟糕的选择导致的不只是轻微的处罚，他们能够招致公司业务的终结。

诚信的挑战。对小型组织来说，内部诚信比对外诚信来得容易多了。小公司由于规模小促使了更加直接和诚实的沟通。你的老板可能就坐在隔壁办公隔间里，而不是被隔离在遥远的行政套间中。幸运的是，小公司很容易出现良性信息流动，因为假如没有良性信息流动，小公司会在几周内破产。Actifi 金融软件公司的斯宾塞·西格尔谈到诚实的商业价值观时这样说："我们开始创业时，财务变动不是已知的，我们感觉每个人都必须为大家的成功负责。为了做到这点，他们必须能够管理个人风险。因此，我们制定了一条政策，规定每周共享详细财务信息。现在，每个人都知道我们账户上有多少钱，进来多少钱，我们的资金流情况。管理者和员工每个人都知道正在发生的事，为帮助我们寻找解决办法共同工作，而不是在猜测和担忧。"

一些大型的等级分明的组织，相反，产生了不鼓励有效沟通的胁迫性组织文化。大型组织的员工经常感到要高层领导保持愉快的压力，哪怕这只意味着揭开不良绩效的痛苦真相。具有讽刺意味的是，一旦真相最终被揭开，后果也许不是那么可怕，因为大型的盈利公司通常有资金应对内部不诚实引起的后果。

虽然内部诚实可能对小公司来说比较容易做到，当小公司必须面对外界展示好形象时，诚信是个挑战。资金对许多小公司来说，是一个永远的问题。他们需要借钱，他们需要出售股权，或两者都需要。正如一个创业者所说的："人们倾向于向潜在投资者隐藏公司健康状况真相。抵制这种倾向是关键。我们必须具有开放性，并且对问题所在尽量保持透明。如果你想让人们真的致力于某事——无论他们是员工还是投资者，你必须对是什么不是什么保持诚实。

负责的挑战。不像通常关注利润增长的大型公司，许多新公司或小公司还在朝着公司能盈利方向而努力。小公司不能享受不负责任的奢侈。承认错误之前是否花费太长时间，会造成公司赤字和盈利的区别。但是，承认错误是艰难的，一部分原因是为小公司工作的人，经常感到更强的决策所有权，坚持想让决策运行下去，但不幸的是，那足以宣告新兴公司的失败。新兴公司之所以成功，不是因为他们不犯错误，而是他们知道：犯下的许多错误，组织能越快地承认错误，它就能越快地改变策略。

ActiFi 公司的斯宾塞·西格尔反思了否认错误的代价："在一个没有悠久历

创业者的德商 12

史的小组织里，你脚踏现实、不放弃长远希望非常关键。一开始，我们为第一个产品发展了一些销售假设，我们的预计超出实际结果五分之一。在我们准备重新检验假设之前，已经过了四个月。真相就写在我们脸上，但没有人说什么——可能是觉得我只是这个错误的一部分。幸运的是，我们有能力去恢复，但是我们不承认我们的假设是有缺陷的、我们的目标是不现实的，正是这种不承认白白丢失了三个月宝贵时间。"

斯宾塞还说，承认错误的好处是："因为我们有一个非常有经验的管理团队，我们对我们的商业模型和预计过度自信。"在承认了我们的错误估计之后，我们变得比较擅长承认："我们不知道什么是我们不知道的，因此能够以实验性的态度看待一些事。那使每个人认为每件事都必须成功的压力卸掉许多。"

相比ActiFi崎岖的创业起步，庞大的美国运通有经济资源用于商业冒险，最终执行官们的错误想法能够运行。美国运通最后花一定代价停止某项业务，但是公司作为一个整体不会有歇业的风险，因为它延迟了与糟糕的商业决策达成协议。大型公司的执行官们如果留心小型组织在责任心上的教训，也许会创造更高利润。

小公司关于责任的一些大道理

在大型组织中，我们经常鼓励人们承担平级的任务，拓宽他们的经验。公司若鼓励高潜质经理花1—2年时间在一个小规模商业世界中工作，是很明智的。他们所学的，能让他们成为财务自律的经理。他们会知道如何集中注意力、什么时候对业务提供支持、什么时候终止一项纠结的业务。他们会对公司提供的资源更加负责。他们会赞同五百万美元是一大笔钱，不会挥霍无度。

怜悯的挑战。怜悯在小型组织中来得更容易。在小公司里，你更能了解他人，你也更愿意了解你所有的同事。在小型组织中，没人是无名氏。小公司更像对人类种族繁衍至关重要的彼此依赖的部落。在小型工作团队中的成员似乎容易激发本能的利他主义倾向。我们对我们的同事感兴趣，我们感到我们和他们联系在一起。我们看到他们的成功和我们的是互相联系的。当他们需要帮助时，我们想帮他们。这不意味着小组织不存在竞争、欺诈、或厌恶，毕竟人类群体是不完

美的。当我们在一个小组织中工作，我们可能看到彼此联系的黑暗面，但是我们很少看到冷漠。如果小公司的总部足够大到有个电梯，搭电梯时将不会彼此沉默。

但是，怜悯是一把双刃剑。太少怜悯——如同KRW早期强硬、最终不必要的裁员，那么生意会受损。太多怜悯，如同KRW在9·11之后延长员工津贴一样，生意同样受损。没有怜悯的商业判断，和没有商业判断的怜悯一样，同样具有灾难性。正如上一章强调的，商业价值观和道德价值观精巧地相互交织在一起，这点对于缺少资金消化错误和衰退的小型组织来说更加关键。

宽恕的挑战。因为小型组织的能力是快速消化错误，宽恕错误对小型组织来说同样也很重要。斯宾塞·西格尔相信，宽恕对于一项新业务的成功至关重要，他说："每家新公司都会犯无数错误。我们建立的商业模式假设了错误和糟糕假设的存在。围绕我们的使命和核心价值观，我们能够看到各种不同的商业策略，就像我们试图证明或反证各种实验和假设一样。宽恕式的保护更利于建立尝试新事物的氛围，在这种氛围中试验或假设的失败不会引起糟糕感受，我们会学到很多——并且导致好的商业模型得以向前发展。我们需要学习避免犯长达四个月的错误。宁可犯很多小错误，也不要犯任何一个大错误。"亚马逊网站认为，自己从一家小型网上书籍销售商变成电子商务巨头归功于鼓励创新。亚马逊网站前市场副总裁戴维·瑞谢尔描述了公司鼓励创新的举措：

> 我们一年颁发三次"只管去做"的奖项。我们希望明确奖励那些以创新工作为己任的人。创新必须是深思熟虑的——而不是一些傻事，真正是在创新的，并且关注客户需求的。但是创新不需要是可行的！三分之一的创新往往是不可行的。

在原谅错误和过失方面，小型组织具有优势。原谅一个陌生人是困难的。当彼此互相认识，犯错误时愿意彼此假定是无辜的，就能做到最好的宽恕。因此，在小型组织中更容易原谅错误并超越错误——这样很幸运。在一个小型组织中，

创业者的德商 | 12

你和所有人一起近距离工作，他们可能做一些伤害到你的事。当某人伤害了你让你很生气时，或当你伤害了某人，大家都是无处可藏的。没有宽恕的能力，你会被未解决的伤害所引发的紧张笼罩。一个紧张的工作环境，不仅妨碍你发挥自己最大能力，还会妨碍你利用同事原本正常提供的资源。在一个小型组织中，在容易发生争执的人际关系中很难开展工作。例如，一旦你和公司会计发生冲突，通常是其他会计不一定会帮助你。在小公司，我们和其他人是联系在一起的，那从根本上说是一件好事。理解并接受我们同事的弱点和过失，为从困境中恢复和继续前进铺平了道路。

小型组织的道德影响。小型商业组织（员工在500人以下）代表了美国99%的雇主类型，雇佣了一半左右私营部门劳动力，产生了美国公司的大多数创新。虽然在2010年，小型商业组织增长放缓，但可能是受最近金融危机引发的悲观主义影响，在之前经济萎缩时期，例如2001—2003年，小公司提供的工作岗位远超过失业数。在2002年第一季度，36%没有就业的经理人和执行官开创了他们自己的公司，同时，大多数被裁员的经理人转投向小型组织。

一些员工，或者从大公司丑闻的传统中醒悟过来，或者只是厌倦了大公司的官僚主义，转投向小型组织寻求意义感和目标感。KRW的前首席财务官唐·华尔茨科就是一个例子。唐不赞同之前雇主开展可能引发大规模裁员的并购计划，他离开了财务执行官的位置。唐的道德指南不容许他成为公司某项策略的财务设计师，因为他担心这项策略可能会给员工个人带来破坏性影响。他之前公司的所失即KRW所得。唐具有的财务背景资历是像KRW这样的小公司通常无法负担的。幸运的是，工资不是唐最优先考虑的。他希望为这样一家公司工作，公司的价值观能反映他的价值观。他发现，KRW旨在将发展领导力作为改善人类生活的一种途径。9·11事件发生后，KRW生存受到威胁，唐的坚定和财务悟性拯救了公司度过那段日子。在将KRW从边缘地带拉回、稳固组织的重新改组融资过程中，他扮演了关键的角色。

许多经理人相信，他们通过在小型组织中工作能够积极地影响人们和组织，唐是其中一员。大型组织，如运输木头的远洋轮船，很难调整道德能力提升的方向。相反，小型组织，如同一艘 25 英尺的帆船，当轮盘和风向变化发出指令后，能够又快又有效地调整方向。小型公司是营造德商文化的肥沃土壤——德商文化同时向公司客户、员工和公司的所有者，以及所在社区提供了价值。对于关心全世界人民福利的我们来说——小的商业机会提供未来的大希望。经济发展之路不是从剥削劳动力的血汗工厂到会议室。投资新的商业机会或小公司的人，具有黄金机会向商业世界注入更有原则、更人本化、财务更稳定的业务。

企业家道德精神的五大格言。 创业是道德领导力的优秀实验室。因为资源紧缺，一旦犯错误，后果立刻显现。如果你犹豫不决，是没有精心设计的基础硬件为你的挫败提供缓冲的。美国运通能够在不影响目前生意的情况下，一笔勾销数百万美元的风险坏账，一家新公司的老板不能有此奢望。所谓创业者选择通往成功的途径，是风险与回报并存，耗竭和兴奋兼具的。你作为创业者的成功，和任何一个领导者一样，同样依赖于诚信、负责、怜悯和宽恕四个原则，这四个原则是任何可持续性企业的基础。以下是 5 条额外的忠告。

1. 开展帮助他人的商业。如果你的产品或服务不能让世界更美好，你何苦折腾呢

坦诚地说，这个世界不需要再提供更多供玩赏的石头、纪实电视节目，或者热量为 2500 卡路里的肉桂面包。创业是艰辛的。把你的热情投入那些能够促进人类安全、稳定或舒适的事情中，难道不是很有意义的吗？清楚你正在创建有社会意义的一项业务，能够让你和你的员工度过最坎坷的时期。考虑一下这个帮助他人的可盈利商业模型。马克·欧加开创了助动公司，这是一家由他父亲在 45 年前创建的医疗设备制造公司。助动公司从各方面看都是一家小公司，但对于像梅奥诊所这样的老客户来说，对于在明尼苏达红林瀑布小镇（人口只有 5459 人）的 37 名员工来说，它是一家大公司。员工明白，他们的工作对于他们的顾客——依靠公司产品获得活动、舒适和尊严的残障人士意味着什么。每个人为他们所做的能够在日常生活中帮助到他人，而引以为豪。哪怕是历史性经济衰退，公司业务也能持续显著增长，员工忠诚度水平是很大一部分原因。

现代调查是另一家以服务为核心的小公司。早先，它的创办者发现公司真正的产品不是所提供的商业信息解决软件,而是提供给顾客的服务。据公司创始人之一唐·麦弗逊说,"服务他人非常重要。这就是我们作为一家公司所做的事。这有助于我们的商业效率,因为如果我们将客户目标放在第一,我们就赢得我们的目标。我们有忠实的客户,我们几乎不需要做广告。"

甚至你的生意失败了——大多数创业者在最终发展出成功商机之前会失败好几次,但你会对知晓自己的动机是好的这点感到满意。当你最终获得成功——坚持普遍性原则并遵循企业家道德精神的格言,你会获得服务和利益的综合回报。

2. 明智地选择你的合作伙伴

如果你在一家大型组织中工作,你的职业关系倾向于由同事、同行、导师、上司和熟人所组成。如果你在一家小型组织工作,你的职业关系经常与亲朋好友个人关系网络重叠。小型商业创业者更容易与家人、朋友、朋友的朋友一起合作。选择朋友作为商业伙伴有一系列危险。无论你认为自己多么客观,都很难去评估朋友或亲戚的道德优势和弱点。你们合作关系的成功,依赖于共同的原则和价值观。透过带着感情的玫瑰色眼镜看亲密的个人关系,你可能不会注意到预见你们生意失败的道德鸿沟。CRA国际公司著名总裁劳兰·莫里亚蒂就这点提到以前的一个生意伙伴。他说:"我们之间有25年的友谊,然而我看到他的行动导致了我们公司的毁灭。"

选择一位朋友作为商业伙伴,那么解决由其中一方导致的商业问题就变得很困难。当一个是朋友的合伙人辜负了你的信任,将生意置于风险之中,你如何应对?虽然很难进行深思熟虑,但是你的最好反应是提醒自己你朋友拥有理想自我。认为你的朋友其实是很想做得完美的,你就能够假定你的朋友是无辜的,并且避免被破坏性的愤怒压垮。当你相信你的合伙人朋友与你有共同价值观,你们可以讨论并一起对你们生意的愿景和目标做出承诺。你宽恕他人,然后才能前进,你要再次尝试,你要再次信任。但记住,一旦所做出的行为没有与价值观保持一致,共同的价值观失去意义。宽恕不是愚蠢的同义词。当合伙人继续侵犯你们共同的承诺,你不能坐视不管。这对你的底线不利,并且向员工传递错误信息，让员工认为你惧怕面对错误行为。记得，当你的合伙人是家庭成员时，你更容易被情感所蒙蔽。思索一下珍妮特·史密斯的经历。20年前，她的丈夫开办了一家家庭修理公司。生意红火，但是现金流紧张。珍妮特是一名聪慧的特教老师，还是两个孩子的妈妈，她不知道她先生没有上缴员工的社会保险和预扣所得税，直到接到美国国税局的传票。珍妮特和丈夫两人宣布破产，但是这没能使他们避开对美国国税局的法律责任。他们没有被关进监狱，但是要上缴许多年才能还清的巨额罚金。她的丈夫向她保证自己已从中吸取教训并会为员工缴税，之后开办了第二家小型建筑公司。一年半后，珍妮特发现她的丈夫再一次没有如实向美国国税局缴税。珍妮特很生气，但还是拼命相信她的丈夫，她同意和丈夫一起开始一项新业务，这项业务是为脊椎推拿机构设计、生产并销售诊断仪器。公司获得一定的成功，并且盈利性吸引了潜在买家的兴趣。但是连续而来的业务让他们的婚姻付出代价，珍妮特和她的丈夫最后离婚了。直到她的丈夫将公司签字移交给她时，她才发现潜在投资者其实是幻影，她的丈夫留下一大堆税务债，第三次欺骗了她。珍妮特是一位聪慧的女性，具有很好的分析能力，但是她内心无法抵抗去信任丈夫的愿望，使她没有看到丈夫持续的道德失检。在离婚10年后，她从与前夫合伙的惨痛教训中发展出第二职业，成为一名成功的小型商业财务顾问。

正因为新创立的企业是脆弱的，选择与你价值观相同的合伙人尤其重要。斯宾塞·西格尔说："对此我非常赞成。认识到创业的最初几年会充满困难，聘请这样的领导团队至关重要：具有相同价值观，并相信做自己相信的事才不会虚度光阴。与在这点上达成共识的团队合作，哪怕生意失败，也能确定他们个人会获得成功。"

3. 坚持你的核心价值观

小型商业创业者需要时刻警惕自己是否与核心价值观保持一致。大多数我们所知的创业者具有高德商。他们清楚地表达出指引他们的原则和信念。例如，助动公司的马克·欧加赞同忠于个人原则的重要性。他的道德指南表面上很简单。"诚实和家庭对我来说是最重要的价值观。"他说，"如果你不是这个意思，就不要说。如果你知道或想到或感觉到有些事不恰当、不道德或不合法，就不要做。"但是，哪怕马克很忠诚于这些价值观，商业压力也会诱使公司偏离道德基础。"与在海外生产的公司竞争非常艰难。我们有个机会销售来自海外的价格便宜的拐杖，我们就卖了。随后，我们的分销商抱怨，拐杖是如何的低劣。我们的分销商和顾客指望我们提供高质量产品，我们违背了他们的信任。当我们意识到我们所做的事不对时，我们取消了交易。我们花了一些时间去修复这个事件所造成的不信任的关系。"

4. 让你周围聚集和你价值观相同的员工

一旦提到人类才华，不要将"最适合"和"最聪明"混淆起来。比起技术能力，价值观匹配对业绩表现是更强的贡献因子。我们都知道那些"价值观不匹配"的业务专家是无法取得进步的，因为他们在一个特定的组织文化中无法有效地合作。

马克·欧加详细描述了这种经历："有一次，我们在知晓的情况下雇佣了我们不信任的一个人。我们需要他来弥补我们领域缺乏的某种技能。当时在小城中，唯一有此技能的候选者是一位有前科、人际关系糟糕的人。但我们求贤若渴，所以我们认为我们能够管理他。但我们错了，他不可能共事，我们不得不让他离开。"

KRW国际公司十分热衷于雇佣与公司目标和价值观能形成共鸣的员工。在应聘者被邀面试之前，他们的技术资质被仔细审核，然后真正的考察才刚开始。应聘者要经过单独的和团体的面试挑战，这些面试几乎都聚焦在"匹配"和价值观上。KRW招聘委员会必须一致同意，应聘者具有与公司相同的关键价值观，并且将会有效地把这些价值观传递给顾客和股民。公司一位老板有一次违反了招聘条款，聘用一位没有走完所有面试流程的咨询顾问。他的同事对此很生气，不知情的新来咨询顾问也对为什么有些同事不够友好感到纳闷。

虽然与组织价值观产生共鸣是成功招聘的关键，但也要确保多样化。组织文化有优势和弱点，如果你招聘的只是目前员工的克隆，你将失去这样的机会：新员工为产品和服务带来与众不同的方法，从而为公司注入新能量。

5. 把你的员工——和你的组织——放在首位

美国陆军有一句谚语："领导最后吃。"若干年前，《纽约时报》刊登了一幅一位陆军将军宴请阿富汗打仗的士兵享用感恩节晚餐的照片，为这句谚语进行了诠释。军队领导者明白的正是每个创业者需要明白的，那就是：让追随者必须完全信任领导者，并相信领导者所做的决策是对组织最有利的。

把员工放在首位，也意味着为员工的发展进行投入。小公司有忽视为员工发展做出投入的恶名。小公司的财务处于挣扎状态，通常只有少量现金储备，一旦涉及如培训的额外费用，很容易无法完成。研究表明，大型公司员工接受到公司提供的额外教育项目，是小公司员工的两倍以上。因为小公司的平均薪水较低，小公司员工较少有经济资源维持和更新他们的工作技能的机会。助动公司的马克·欧加，逆潮流地将新生产系统带来的生产力提升，当成一个员工发展机会，而不成为裁员的借口。若干年前，助动公司的制造工序从批次生产变革为分包生产——本质上说，变为准时制生产方法。马克知道，分包生产对顾客的即时回应性更强，但也意味着在转换期会出现员工不忙于生产的时刻。当员工开始被告知不要生产产品，他们会焦虑，担心清闲期意味着裁员。但是，马克没有裁员或减少工作小时数的打算。当订单来了，生产就变忙了。一旦没有接到订单，员工利用时间培训。马克坚定地认为，投入培训创造的不仅是有技能的员工，而且员工会变得更加有动力，能够在未来的日子里提升他们的商业绩效。

有关创办公司的最后赠言

尽管小公司和大公司的文化和运转存在种种差异，但道德领导力的基本要求是相同的。道理技巧对于成功地开创企业和成功地管理企业都是内在要求。如果你是一名创业者，当风险高现金流紧张时，忠于原则似乎看上去会更加困难。但是，除非以核心原则作为锚，你的新业务将完全无法存活下去。道德能力对小型公司的领导者而言是不可或缺的。小型组织很少有过剩的资源去应对重大的道德失误，通常也无法提供"金色手铐"（译者注：通常指股权、退休金等长期激励计划）让员工与具有道德的破产企业绑在一起。

  最后，小型组织和大型组织在这点上是相同的：做道德上正确的事和做商业上正确的事，两者不可分离。无论区域大小，具有道德能力的领导者能够将商业价值观和道德价值观交织在一起——这将大有作为。正如，万古长存的建筑物需要一个坚固的基础，世代持久的商业也需要一个坚固的基础。道德原则和道德能力就是这些基础。